九色鹿童书
JIU SE LU TONG SHU

周

# 成语

## 应该这样学①

读历史故事学成语

刘德水◎主编

民主与建设出版社
·北京·

# 目录

## 夏商周时期

## 春秋战国时期

## 秦汉时期

## 三国两晋南北朝时期



## 隋唐五代时期

## 两宋元明时期

# 前言

成语是一种形式简洁而意义精辟的定型词组或短语，多出于古典典籍、诗词、寓言等。

学习成语，可以积累语言词汇，丰富知识；正确运用成语，可以极大增强语言的表现力、感染力和说服力。为此，我们精选了适合青少年阅读的成语，精心编写了这套《成语应该这样学①》。

本套共分两册，内容上，孩子们通过读历史故事和名著故事，不仅可以学习成语，还能大致了解中华上下五千年的发展史，体会历史的变迁，以及对五大名著有一个初步认识。在板块上，我们增加了一个词典工具的板块，里面有成语出处、释义、近反义词和造句的内容，帮助孩子们对成语做一个基础了解。知识小卡片板块，对正文做了延伸拓展，可以扩展孩子的知识面。另外，我们还精心设计了几百款游戏，不仅有分类型、应用型，还有发散思维型，多角度地激发孩子的思辨能力。

可以说，本套书内容丰富，图文并茂，集知识性和趣味性为一体，让孩子轻松掌握成语，玩转大语文。

# 网开一面

**出处** 《史记·殷（yīn）本纪》："汤出，见野张网四面，祝曰：'自天下四方皆入吾网。'汤曰：'嘻，尽之矣！'乃去其三面。"

**释义** 把捕禽的网撤去了三面，留下逃生的出路。比喻用宽大的态度来处理罪犯或敌方。

**近义词** 宽宏大量 **反义词** 赶尽杀绝

**造句** 法官念在他年幼无知，而且是受人利用，便决定网开一面，饶他一次。

夏朝的最后一位君主桀（jié）是中国历史上有名的暴君，他在位期间残酷剥削和压迫人民，过着**骄奢淫逸**的生活，引起了百姓的强烈不满和怨恨。

当时黄河下游有个叫商的部落，部落首领商汤品行高尚，心怀仁爱，他看到夏桀**昏庸无道**，百姓生存艰难，**心急如焚**，就想争取民心推翻夏朝的统治。

有一天，商汤外出散步，看见一个人在郊外张网捕鸟。捕鸟人边张网边祷告："来自**四面八方**的鸟，都进到我的网里来吧！"商汤对捕鸟人说："哎呀，你这样做太过分了，鸟儿都要被你捕光啦！"说完，他命人将网撤去三面，只留下一面。

诸侯和部落首领们听说了这件事，他们无不赞颂商汤的品行，都说："商汤真是一个好君王，他对飞鸟都这么仁慈，对百姓肯定更加仁爱。"没多久，就有四十个氏族部落归附了商汤。后来，商汤凭借百姓和诸侯的支持，最终灭亡了夏朝。

## 知识小卡片

### 商汤灭夏

公元前 1600 年左右，商汤率领良车七十乘，精兵六千人，前去攻打夏桀。商军作战英勇，夏军连连败退。最终商军彻底击溃夏军，俘虏了夏桀。商汤将夏桀流放，不久夏桀病死，夏朝正式灭亡。商汤建立起商朝，这是我国历史上第二个奴隶制王朝。

## 成语游戏

### 看图猜成语

观察下面的图画，猜对应的成语。

成语：

成语：

成语：

成语：

## 脑筋急转弯

下面一组脑筋急转弯都对应着一个成语，开动脑筋猜猜看吧！

(1) 羊停止了呼吸

(2) 姑姑是婆婆的二分之一

(3) 足球门

(4) 拿筷子吃饭

(5) 一只熊走过来

(6) 大雪飘飘

“宽容”家族的成员和“刻薄”家族的成员，应约参加聚会。你能引导它们找到相应的座位吗？

## 找座位

既往不咎

小肚鸡肠

网开一面

斤斤计较

宽宏大量

赶尽杀绝

“宽容”家族

“刻薄”家族

# 一窍不通

商朝的最后一位国君纣王**文武双全**，在即位之初也称得上英明。那时他不仅勤于政务，而且善纳忠言，在战场上也骁（xiāo）勇无比，人们都说：“纣王的江山，铁桶一般……”

但是，没过多久，纣王就因为自己的成就**沾沾自喜**了。他不再理会政事，也对百姓**不闻不问**，整天只知道饮酒作乐。他还听信宠妃妲（dá）己的谗（chán）言，杀害了许多忠臣和无辜的百姓。

纣王的叔父比干正直忠诚，他见纣王如此昏庸，简直气坏了，多次劝纣王**改邪归正**，做些对国家和百姓有益的事。但是，纣王根本不听他的劝诫。

有一次，纣王又听信妲己的谗言，残忍地杀害了梅伯。比干听说了这件事后，又急忙去劝谏纣王，希望他不要再听信妲己的谗言，错杀无辜，并说这样下去迟早要亡国。

纣王被比干说得**恼羞成怒**，嚷道：“我听说圣人的心有七窍，今天我要看看这是不是真

**出处** 《吕氏春秋·过理》：“纣（zhòu）杀比干而视其心，不适也。孔子闻之，曰：‘其窍通，则比干不死矣。’”

**释义** 不通：闭塞。一点也不开窍。比喻什么都不懂。

**近义词** 一无所知　**反义词** 博古通今

**造句** 他对物理一窍不通。

的！”于是他命人杀死比干，取出了他的心脏。

春秋时期，大教育家孔子听说了这件事，感慨（kǎi）地说：“纣王的心窍不通，若是通了一窍，比干就不会惨死了！”

## 知识小卡片

### 酒池肉林

商纣王贪图享受，生活极为奢侈（chǐ）。他曾命人在沙丘（在今河北邢台广宗县）一带建造离宫，并在离宫内挖掘一个大池子，用来装各种美酒，又在树枝上挂满各种精心烹烤的肉片，供他随时吃喝。由此，衍生出“酒池肉林”的成语。

## 成语游戏

### 成语接龙

在空格处填上成语，完成接龙。

一窍不（ ）风报（ ）以为（ ）才（ ）学以（ ）用（ ）之（ ）久（ ）

二（ ）一（ ）短（ ）长

## 歇后语连一连

下面是一些好玩的歇后语，将它们的谜底与谜面连起来吧！

| 谜面 | 谜底 |
| --- | --- |
| 擀面杖吹火 | 不翼而飞 |
| 猪八戒穿红袄 | 张牙舞爪 |
| 火箭上天 | 铤而走险 |
| 矮子踩高跷 | 一窍不通 |
| 大肚子走钢丝 | 不伦不类 |
| 龙王爷亮相 | 取长补短 |

## 成语里的“一”和“不”

下列成语中均含有“一”“不”两字，根据提示把它们补充完整。

A. 一句话也不说 → 一____不____

B. 失败后振作不起来 → 一____不____

C. 十分吝啬 → 一____不____

D. 环境很清洁 → 一____不____

E. 毫无价值 → 一____不____

F. 做事很认真 → 一____不____

# 太公钓鱼，愿者上钩

商朝末年，有一个叫姜子牙的人，他出身低微，家境贫寒，但饱读诗书，**满腹经纶**，有**凌云壮志**。可惜的是，他在殷商得不到任用，直到七十岁还一事无成。

一天，他听说西伯姬昌招贤纳士，于是不远千里地来到西岐（qí），想投奔西伯姬昌。到达西岐以后，他并没有迫不及待地前去推荐自己，而是在渭水河畔隐居了下来。

**出处** 元《武王伐纣平话》：“姜尚因命守时，直钩钓渭水之鱼，不用香饵（ěr）之食，离水面三尺，尚自言曰：‘负命者上钩来！’”

**释义** 太公：周初开国大臣，姓姜名尚字子牙。比喻心甘情愿地上钩，自愿上当。

**近义词** 无　　**反义词** 无

**造句** 太公钓鱼，愿者上钩，如果你嫌这件首饰贵，可以不买。

然后他每天都到渭水河边钓鱼，等待明君的来临。

姜子牙钓鱼的方式很独特，鱼钩是直的，距离水面三尺远，而且上面还没有挂鱼饵。他常常**自言自语**地说：“愿意不要命的，你就上钩来吧！”

有一天，姜子牙正在钓鱼，一个叫武吉的樵（qiáo）夫担着柴草路过，他看见姜子牙钓鱼的情形，大声地嘲笑说：“像你这样钓鱼，别说三年了，就算一百年也钓不着一条鱼。”姜子牙听了并不生气，微笑地说：“你不明白其中的道理。我的鱼钩不是为钓鱼准备的，是用来钓王侯的。”

后来，姜子牙真的等来了西伯姬昌。姬昌正准备起兵伐纣，迫切地需要人才，他听说姜子牙才能出众，便斋戒三日，沐浴更衣，恭敬地前去拜请，并封他做了太师。从此，姜子牙全力辅佐文王。后来，姜子牙又随武王伐纣，帮助武王建立了周朝。

## 知识小卡片

### 周文王姬昌

周文王姬昌又称西伯、姬伯，是周王朝的奠基者。他执政期间，敬老爱幼，发展生产，礼贤下士，得到诸侯们的拥护，国力不断壮大。商纣王怕周国对自己不利，便将周文王骗到朝中囚禁了起来。后来，周文王被周国大臣设法救出，并准备起兵伐纣，但还没来得及起兵，就病逝了。

## 成语游戏

### 对偶成语

下列成语都是以对偶形式出现的，请将它们补充完整。

| | | | |
|---|---|---|---|
| 太公钓鱼 | | 十年树木 | |
| 仁者见仁 | | 尺有所短 | |
| 金玉其外 | | 四体不勤 | |
| 严于律己 | | 只可意会 | |
| 上天无路 | | 召之即来 | |

## 寻找主人公

为下列成语寻找主人公，快来试试吧。

投笔从戎
高山流水
悬梁刺股
一字千金
太公钓鱼，愿者上钩

吕不韦
苏秦、孙敬
姜子牙、周文王
班超
俞伯牙、钟子期

## 水生动物填成语

用水生动物名称将下列成语补充完整，看看你能填出几个。

海市（ ）楼　　鹬（ ）相争　　（ ）兵（ ）将　　井底之（ ）

独占（ ）头　　瓮中捉（ ）　　（ ）宫折桂　　（ ）死网破

# 不食周粟

伯夷和叔齐是商朝末年孤竹国国君的两个儿子。孤竹君在世的时候，非常喜欢小儿子叔齐，于是，他在临死前立下遗嘱让叔齐继位。但是，在孤竹君去世以后，叔齐却想将王位让给哥哥伯夷。伯夷拒绝说：“让你即位是父亲的遗命，我不能违背父亲的心愿。”于是，他逃出了孤竹国。叔齐**想来想去**，也不愿继承王位，于是也出逃了。

后来，兄弟俩碰巧在半路遇见，他们听说西伯姬昌行善积德、爱护子民，两人决定前去投奔。可是，等他们到达西岐时，西伯已经逝世了，他的儿子周武王正用车拉着灵牌去讨伐纣王。

伯夷、叔齐见状，上前劝阻说：“父亲死了还没埋葬，就挑起战争，这能说是孝吗？做臣子的去杀害君王，这能说是仁吗？”

武王左右的士兵要杀死他们，军师姜子牙急忙制止说：“这是正义之士啊！”于是命人将他俩扶走了。

**出处** 《史记·伯夷列传》："武王已平殷乱，天下宗周，而伯夷、叔齐耻之，义不食周粟（sù），隐于首阳山，采薇（wēi）而食之。"

**释义** 周：周朝；粟：小米。不吃周朝的粮食。本指伯夷、叔齐于商亡后不吃周粟而死。后泛指清白守节。

**近义词** 临财不苟　**反义词** 同流合污

**造句** 伯夷、叔齐不食周粟，表现了崇高的气节，受后人敬仰。

武王灭掉商朝后，天下人都归服了周朝，而伯夷、叔齐却以此事为耻辱，发誓不吃周朝的粮食。他们隐居在首阳山，靠采摘薇菜充饥，最后饿死在了首阳山上。

## 知识小卡片

### 武王伐纣

公元前1046年，伐纣的条件成熟，周武王便率领周国和各诸侯联军前去攻打商朝，史称武王伐纣。周武王的军队和商军在牧野展开决战，商军溃败，纣王自焚而死。商朝灭亡，周武王建立了西周。

## 成语游戏

### 纠正错别字

下面的每个成语中都有一个错别字，请你用火眼金睛找到它们吧！

记忆尤新

不食周粟

换然一新

前扑后继

拾金不味

原形必露

手屈一指

永往直前

巧夺天功

## 衣食住行

我们的生活离不开衣食住行，下面的成语中也含有“衣、食、住、行”，请试着填写完整吧！

（ ）色匆匆　丰（ ）足（ ）　晓（ ）夜（ ）　嗟来之（ ）

节（ ）缩（ ）　千里之（ ），始于足下　民以（ ）为天

## “食”字阵营

将下列带有“食”字的成语，按要求放在对应的位置。

形容勤奋

形容奢侈

形容忧虑

- 废寝忘食
- 食不甘味
- 一食万钱
- 钟鸣鼎食
- 不知寝食
- 寝食不安
- 锦衣玉食
- 宵衣旰食

# 爱屋及乌

周武王建立西周以后，对如何处理商朝的旧官员很伤脑筋，于是他召来姜子牙，问道："周朝建立了，我应该怎么处置商朝留下的这些官员啊？"

姜子牙回答："我听说过这样的话：如果喜爱一个人，就连带喜爱他屋顶上的乌鸦；如果厌恶一个人，对他家的墙壁都**深恶痛绝**。所以，还是把他们杀了为好。您觉得怎么样？"

周武王摇了摇头，对姜子牙的看法表示不大赞同。于是，他又把召公叫来，问了同样的问题。

召公说："我听说有罪的该杀，无罪的当赦（shè）。大王应该把好的和坏的区分开来。坏的全部处死，一个不留。"

周武王听了还是不满意，于是又询问周公的意见。

周公说："依我看，不如让他们回到自己的家乡，耕田种地，**自食其力**。然后，再用仁

**出处** 《尚书大传·大战》："爱人者，兼其屋上之乌。"

**释义** 及：连带。爱一个人而连带爱他屋上的乌鸦。比喻喜爱一个人而连带喜爱和他有关的人或物。

**近义词** 无　**反义词** 同流合污

**造句** 也许是爱屋及乌的原因，我喜欢我的朋友，也很喜欢她的家人。

政来感化天下的百姓。"

周武王听了大喜，便按照周公的办法去治理国家，果然民心归附，天下很快安定了下来。

## 知识小卡片

### 周公

周公是周武王的弟弟，西周的开国元勋。他辅佐周武王灭掉了商朝。后来周武王病逝，周成王继位，由于周成王年幼，周公便代为处理朝政。他先后平定了当时的反叛势力，并制定了一整套的礼仪等级制度，维护了西周的统治。周成王长大后，周公还政于成王。

## 成语游戏

### 群鸟聚会

鸟类王国的新年到了，鸟儿们举办了一场宴会。都有谁来参加了呢？将下面的成语填写完整看一看吧！

（ ）程万里

（ ）（ ）之志

（ ）（ ）反哺

一箭双（ ）

（ ）占（ ）巢

棒打（ ）（ ）

劳（ ）分飞

饮（ ）止渴

（ ）（ ）虽小，五脏俱全

螳螂捕蝉，（ ）（ ）在后

## 成语里的建筑

在空格内填入建筑名称，组成成语，快来试试吧！

金（ ）藏娇
蜂（ ）蚁穴
束之高（ ）
求田问（ ）
桂（ ）兰（ ）
文（ ）四宝

空中（ ）阁
十里长（ ）
十（ ）九空
舞榭歌（ ）
爱（ ）及乌
琼（ ）玉宇

## 运粮食

冬天到了，小蚂蚁想将粮食运到地下室的粮仓储存起来，你能帮它找到正确的成语行走路线吗？

| | | | | |
|---|---|---|---|---|
| 爱 | 深 | 似 | 海 | 底 |
| 屋 | 情 | 之 | 足 | 捞 |
| 及 | 乌 | 合 | 手 | 针 |
| 星 | 众 | 之 | 贵 | 抬 |
| 捧 | 月 | 黑 | 风 | 高 |

# 一鼓作气

公元前 684 年春天，齐国发兵攻打鲁国，鲁庄公准备迎战。有个叫曹刿（guì）的人听说消息后，主动要求见鲁庄公，为抗击齐军**出谋划策**。他的同乡劝他说：“国家大事，自有那些每天吃肉的大官来管，你又何必跟着操心呢？”曹刿说：“那些当官的目光太短浅，没有什么**远见卓识**。”于是，他便进宫去见鲁庄公。

鲁庄公正在为打仗的事发愁，听说曹刿求见，急忙将他

**出处** 《左传·庄公十年》："夫战，勇气也。一鼓作气，再而衰，三而竭。"

**释义** 作：振作；气：指勇气。比喻趁劲头大的时候一口气把事情干完。

**近义词** 一气呵成 **反义词** 再衰三竭

**造句** 同学们一鼓作气，很快就把老师交代的任务做完了。

请了进来。两人聊了好一阵子。曹刿得知鲁庄公爱民如子，高兴地说："仅凭这一点，我们就可以和齐国决一生死了。"曹刿提出随军出行，鲁庄公欣然应允。出发之时，鲁庄公让曹刿跟自己同乘一辆车。

齐、鲁两军在长勺（今山东莱芜）相遇，双方摆开阵势，战斗即将开始。齐军首先擂（léi）鼓攻击。心急的鲁庄公想立刻上前迎战，曹刿说时机未到，制止了他。齐军第二次击鼓进攻，曹刿仍劝鲁庄公不要出击。齐军见状，以为鲁军怯阵，于是第三次擂响战鼓。这时候，曹刿对鲁庄公说："时机到了，可以下令击鼓冲锋了！"随着一通鼓响，鲁军像猛虎出笼般冲向齐军，齐军被杀得**措手不及**，狼狈溃逃。

事后，鲁庄公向曹刿询问得胜的原因。曹刿解释说："用兵打仗最主要的是士气。齐军第一次击鼓时，士气最旺盛；到第二次击鼓时，士气开始衰退；等到第三次击鼓时，士气已经完全消失。而此时我军才擂第一次战鼓，将士们士气正旺，用士气高涨的军队去攻击松懈疲乏的军队，当然能够取胜。"鲁庄公听了钦佩不已，于是拜曹刿为大夫。

## 知识小卡片

### 齐国和鲁国

齐国和鲁国都是周朝分封的诸侯国。齐国的疆域主要在今山东北部，开国君主是姜子牙，都城在临淄（zī）（今山东淄博）。鲁国的疆域主要在今山东南部，第一任君主是周公的长子伯禽，都城在曲（qū）阜（fù）（今山东曲阜）。春秋时期，相邻的齐、鲁两国多有摩擦。

## 成语游戏

### 找密码

小刚想上网查阅资料，但打开电脑后不记得登录密码了。密码就包含在以下成语中，请你把成语空缺的字补齐，帮小刚找到密码吧。

（提示：从左到右逐行填成语，填入的文字转为数字即为密码。）

狡兔（ ）窟　　（ ）鼓作气　　数（ ）寒天　　化整为（ ）

志在（ ）方　　半斤（ ）两　　（ ）足鼎立　　（ ）月流火

密码：

## 开心填成语

根据左侧的幽默提示，将右侧的成语补充完整。

| | | |
|---|---|---|
| 01 | 蛤蟆过河 | 一□作气 |
| 02 | 鞋头上绣花 | 前程似□ |
| 03 | 狗熊斗群蜂 | □□受敌 |
| 04 | 秤砣掉进鸡窝里 | □飞□打 |
| 05 | 对着月亮演讲 | □谈□论 |
| 06 | 县太爷斗鸡玩狗 | 不务□业 |

## 乐器总动员

下列成语都含有古代乐器名称，请将它们填写完整。

（　）鸣鼎食　（　）（　）和鸣　敲（　）打（　）　锦（　）年华

破（　）绝弦　晨（　）暮（　）　紧（　）密（　）　击（　）鸣金

# 退避三舍

春秋时期，晋国君主晋献公十分宠爱一个叫骊（lí）姬的妃子。骊姬为了让自己的儿子奚（xī）齐继承王位，设计害死了太子申生，又想谋害晋献公的另外两个儿子重耳和夷吾。两位公子听到风声，匆忙逃出了晋国。

公子重耳在外流亡了十几年，后来投奔到楚国。楚成王认为重耳日后必有作为，就用很高的礼节招待了他。重耳深受感动，对楚成王尊敬不已，两个人就这样成了好朋友。

有一天，楚成王设宴招待重耳。宴会上，两人**开怀畅饮**，**有说有笑**。忽然，楚成王问重耳："假如有一天公子回到晋国，做了国君，要如何报答我呢？"

重耳想了想，说："金银财宝、**珍禽异兽**，大王您有的是，我不知道用什么珍奇礼物来报答您。"

楚成王追问说："这么说，你是不想报答喽？"

重耳回答："要是托您的福，我能够回到自己的国家，我会努力跟楚国交好，让咱们两国的百姓都过上太平日子。如果有一天咱们两国不幸交战了，那么在两军相遇时，我愿意命

**出处** 《左传·僖（xī）公二十三年》：“晋楚治兵，遇于中原，其辟君三舍。”

**释义** 退：退却；避：回避；舍：古代行军三十里为一舍。原指与敌方作战时军队后撤一定的距离。后比喻对人让步，避免冲突或比喻自己不敢跟人相比。

**近义词** 委曲求全 **反义词** 针锋相对

**造句** 我是怕伤了和气才退避三舍的，并不是畏惧他。

令军队退后九十里。”

后来，重耳果真回到晋国做了国君，这就是历史上**赫赫有名**的晋文公。晋文公即位后，积极为称霸中原做准备。公元前 632 年，晋国和同样要称霸的楚国发生了战争。两军交战前，晋文公兑现了当年的诺言，命令晋军后撤九十里，驻扎在城濮（pú）[ 今山东菏泽鄄（juàn）城县 ]。楚军看到晋军后退，还以为晋军害怕了，于是骄傲轻敌，最终溃败。这就是著名的城濮之战。这场战役过后，晋文公的威望大增，很快成了中原的第二位霸主。

## 知识小卡片

### 春秋时期

公元前771年，犬戎攻入西周都城，杀死周幽王，西周灭亡。不久，周平王即位。第二年，周平王迁都洛邑，史称东周。东周前半期称为春秋时期，后半期称为战国时期。春秋时期，社会动荡不安，当时周王室势力大减，无力再控制天下诸侯。一些强大的诸侯为了操纵政治局面，竞相争夺霸主地位，齐桓公、晋文公、楚庄王、秦穆公等就是其中的代表。

## 成语游戏

### 成语加减法

下面是一组关于成语的“算术题”，看看你能做出几个。

| | | | |
|---|---|---|---|
| （　）更（　）夜 | 退避（　）舍 | （　）神无主 | 不（　）不（　） |
| +（　）年（　）载 | + 不拘（　）格 | −（　）谷丰登 | − 举（　）反（　） |
| （　）海（　）家 | 文房（　）宝 | （　）叶知秋 | 合（　）为（　） |

## 成语里的计量单位

用合适的计量单位，将下面的成语补充完整。

千□一发　　才高八□　　□□计较　　一□不苟

差之□□，失之千里　　□□天涯　　□□必较

得□进□　　半□八□　　身无□□　　不名一□

## 见朋友

小猴子去给朋友送桃子，你能带它走出正确的路吗？

（提示：完成成语接龙，即可找到出路。）

| | | | | |
|---|---|---|---|---|
| 退 | 避 | 三 | 舍 | 下 |
| 为 | 己 | 舍 | 水 | 落 |
| 人 | 多 | 势 | 流 | 石 |
| 捧 | 星 | 众 | 山 | 出 |
| 月 | 黑 | 风 | 高 | 朋 |

# 卧薪尝胆

春秋时期，江南的吴、越两国经常打仗。由于实力相当，两国始终分不出胜负。有一年，吴王阖（hé）闾（lǘ）兴兵伐越，结果兵败身亡，他的儿子夫差（chāi）继承了王位，发誓一定要报杀父之仇。

三年以后，夫差率领大军前去攻打越国。两军在太湖一带展开大战，越国大败，越王勾践被迫退居到会（kuài）稽（jī）。夫差率军追击，将勾践围困在了会稽山上，情况十分危急。这时候，大夫范蠡（lí）和文种向勾践献策，让他派人带着金银珠宝和一些美女贿（huì）赂（lù）吴国太宰伯嚭（pǐ），请他向夫差求情。最后，夫差答应了勾践的求和，但要求勾践来吴国做奴仆。

勾践把国家大事托付给文种，自己带着妻子去了吴国。夫妻俩住在夫差父亲墓旁的石屋里，每天喂马、拉车。夫差每次坐车出门，勾践都拿着马鞭恭敬地跟在后面，小心地伺候着。这样过了三年，夫差觉得勾践不会复仇了，便放松了警惕。有一次，夫差病了，勾践亲自去服侍他，夫差心里很感动，病好以后，就把勾践夫妇放回了越国。

**出处** 《史记·越王勾践世家》：“越王勾践反国，乃苦身焦思，置胆于坐，坐卧即仰胆，饮食亦尝胆也。”

**释义** 卧：睡；薪：柴草。比喻刻苦自励，发愤图强。

**近义词** 发愤图强 **反义词** 一蹶不振

**造句** 我们要学习古人卧薪尝胆的精神，在困境中也积极进取。

回国后，勾践立志报仇雪耻。他命人撤去床上的褥（rù）子，铺上柴草，每天晚上就睡在柴草上。他还在坐卧的地方挂上一个苦胆，每天吃饭前或者休息时都要尝一尝，告诫自己不忘耻辱。与此同时，勾践还亲自下地种田，让夫人织布做衣服，生活过得十分简朴。他也十分尊重有才能的人，关心百姓的疾苦。

就这样，经过十年的**发愤图强**，越国由弱国变成了强国。后来，勾践见报仇的时机成熟，就下令出兵伐吴，最后消灭了吴国。

## 知识小卡片

### 范蠡和文种

范蠡（公元前 536 ~ 前 448 年），字少伯。文种（？ ~公元前 472 年），字少禽。他们都是春秋末期楚国人，著名的谋略家和政治家，均在越王勾践手下任职。两人为越王勾践振兴越国、打败吴国立下了汗马功劳。吴国灭亡以后，范蠡急流勇退，后来成为有名的商人，号称“陶朱公”。而文种则受到越王勾践的猜疑，最后被赐死。

## 成语游戏

### 拼拼乐

下面这些卡片上的偏旁部首可以拼合成一个四字成语，快来挑战吧，看看这个成语是什么！

尝　旦　臣　艹

月　斤　卜　亲

成语 ________

## 薪火相传

下列成语中均缺少一个字，请用“薪火相传”四字将它们补充完整。

名不虚（ ）　玩（ ）自焚　杯水车（ ）　同病（ ）怜

抱（ ）救火　（ ）提并论　（ ）宗接代　万家灯（ ）

## 动词名词填成语

在方框内填入适当的动词和名词，组成成语。

翻（ ）越（ ）　（ ）鸣（ ）盗　穿（ ）戴（ ）

顶（ ）立（ ）　兴（ ）作（ ）　（ ）出（ ）没

（ ）波（ ）澜　（ ）囊（ ）物　（ ）缝（ ）针

（ ）肩（ ）踵　（ ）井（ ）天　（ ）头鼠（ ）

# 道不拾遗

商鞅原名公孙鞅，是战国时期卫国人。他年轻的时候喜欢研究法家的学问，后来去了魏国，做了相国公叔痤（cuó）的侍从。

公叔痤知道商鞅有才干，但他还没来得及向魏王推荐，就得了重病。有一天，魏王来探望公叔痤，询问道：“如果您的病不能治愈，谁可以做您的接班人呀？”公叔痤说：“我的侍从商鞅可以代替我。他虽然年纪不大，却身怀奇才，大王可以把国政交给他。”但是，魏王不喜欢法家，所以，他听了公叔痤的话

**出处**　《战国策·秦策一》："道不拾遗，民不妄取，兵革大强，诸侯畏惧。"

**释义**　遗：丢失的东西。路上掉的东西，没有人捡。形容社会风气好。

**近义词**　夜不闭户　**反义词**　顺手牵羊

**造句**　这里的治安状况很好，道不拾遗，夜不闭户。

很不高兴。公叔痤见魏王不悦，就对魏王说："不过，大王您若是不用他，那就请您把他杀了吧！千万别让他跑到其他国家，被其他国家重用。"魏王走后，公叔痤把商鞅叫过来，说了前因后果，并让他赶紧逃走。

之后，商鞅去了秦国。秦孝公看中了商鞅的治国主张，便让他担任宰相，主持国内的变法工作。商鞅废除了维护贵族利益的旧制度，制定了一系列新法。他主张朝廷赐爵（jué）以军功大小为标准，也就是说，不管是什么人，只要对国家有功，都要进行封赏。他还鼓励耕织，奖励垦荒，规定生产多的人可以免除劳役和赋税。

新法推行以后，老百姓的生产积极性提高了，生活富裕了，大家都很高兴；军队纪律变得严明，士兵们都**心甘情愿**为国打仗；社会秩序也变得安定，山林里没了盗贼，人们晚上睡觉的时候可以不关门窗，在路上丢了东西也不用担心被别人捡走。秦国的国力越来越强盛，最后成为战国七雄中实力最强的国家。

## 知识小卡片

### 立木南门

商鞅变法前夕，为了让老百姓相信并支持变法，商鞅叫人在都城市场的南门竖了一根三丈高的木头，下令谁能把这根木头扛到北门，就赏赐五十两黄金。有人将木头扛去了目的地，商鞅果然兑现了诺言。这件事轰动了秦国，为新法的实施打下了基础。由这个故事也衍生出一个成语——立木南门。

## 成语游戏

### 神奇的磁铁

每块磁铁有南北两极，北极（N）都有一个成语，请你在南极（S）也填上一个成语，意思要与北极的成语相反。

道不拾遗　　眉飞色舞　　异口同声　　人声鼎沸

## 不同的“道路”

下列的字都表示“道路”的意思，用它们将下面的成语补齐吧。

途 路 道 径 阡 陌 衢 蹊

怨声载（　）　日暮（　）远　冤家（　）窄　（　）（　）纵横

通（　）大道　轻车熟（　）　终南捷（　）　独辟（　）（　）

## 对对子

根据所给成语，对出对应的成语。

| 题面 | 道不拾遗 | 题面 | 指鹿为马 | 题面 | 伶牙俐齿 |
|---|---|---|---|---|---|
| 答案 | | 答案 | | 答案 | |

# 围魏救赵

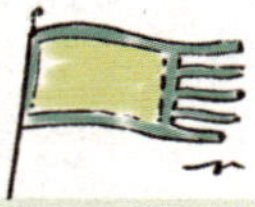

战国时期，魏国和赵国是邻国。有一年，赵国攻打魏国的附庸国卫国，占领了好几座城池。魏王十分恼火，于是发兵攻打赵国。魏国大将军庞涓（juān）率领八万精兵，包围了赵国都城邯郸，赵国**危在旦夕**。

赵王知道凭借自己的国力无法抵挡魏军，便向齐国求救。齐王接到消息后，命孙膑（bìn）为军师、田忌为大将，率军前去救援。

田忌计划直奔邯郸，解除赵国的危机。孙膑劝阻说："远水救不了近火，恐怕我们还没赶到，邯郸就失守了。而且，与魏军硬碰硬会带来不少伤亡，不如采取**避实击虚**的策略。现在魏国精兵都去攻打赵国了，国内只剩下一些**老弱残兵**。如果此时我们率军直逼魏国都城大梁，都城告急，那庞涓一定会回师解救，这样邯郸之围就**迎刃而解**了。我们还可以在魏军返回的路上设下埋伏，将魏军一举歼灭。"

**出处** 《史记·孙子吴起列传》：“今梁赵相攻，轻兵锐卒必竭于外，老弱罢于内。君不若引兵疾走大梁，据其街路，冲其方虚，彼必释赵而自救。”

**释义** 魏、赵：都是战国时的诸侯国。后用“围魏救赵”指袭击敌人后方，迫使进攻之敌撤回的战术。

**近义词** 声东击西　**反义词** 无

**造句** 王连长采取围魏救赵的战术攻打敌人的后方，使敌人急忙撤兵了。

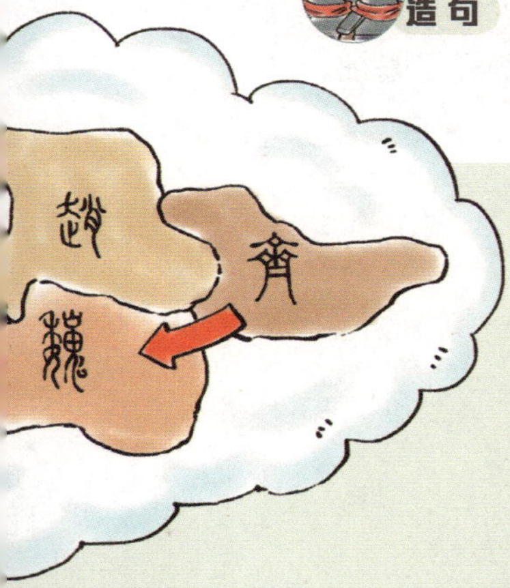


田忌听了连声叫好，立刻命令大军朝大梁而去。果然，魏军听说国都被围，慌忙撤兵往回赶。当人马行至桂陵［今河南长垣（yuán）］地界时，预先埋伏好的齐军冲杀出来。魏军措手不及，再加上行军疲劳，结果被打得**丢盔弃甲**，死伤无数。

## 知识小卡片

### 孙膑与庞涓

孙膑是齐国的军事家，庞涓是魏国的名将。两个人曾是同窗，一起拜师鬼谷子学习兵法。后来庞涓担任魏国大将军，但因为嫉妒孙膑的才能，将他骗到魏国监管起来，又设计陷害他，使他遭受了膑刑（刮去膝盖骨）和黥（qíng）刑（在脸上刺字）。后来，孙膑回到齐国，得到齐王任用。他先后在桂陵之战和马陵之战击败庞涓，为齐国称霸奠定了基础。

## 成语游戏

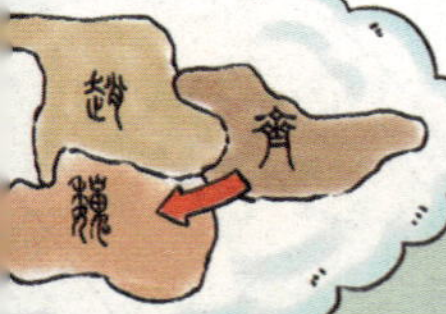


### 国名组成语

在方框内填写国名，组成成语。

| | | | |
|---|---|---|---|
| □人买履 | □□自大 | 完璧归□ | □□之好 |
| 围□救□ | 朝□暮□ | □下阿蒙 | 四面□歌 |
| □人忧天 | 假途伐□ | □失其鹿 | 巴山□水 |

## 历史人物猜猜看

把下面的成语补充完整，看看都有哪些历史人物。

| | | |
|---|---|---|
| 改弦更 | | 辰美景 |
| 围魏救 | | 淡风清 |
| 沧海桑 | | 贤妒才 |
| 河清海 | | 路同归 |

## 汉字拼图

在空格内填上合适的字，按箭头指示的方向组成成语。

□山□海□天□
前　　前
□　□
后
□　□
有　　之
□　　□

翠
□
珠
□
魏　追
□　　□
赵　　截

# 前倨后恭

战国时期，有一个纵横家名叫苏秦。他早年时曾周游列国，向各国君主推行自己的政治主张，但没有一个君主重用他，于是，他只好**失魂落魄**地回到家乡。

苏秦回到家后，他的父母、妻子、嫂子见他一副狼狈样，都对他很冷淡。特别是苏秦的嫂子，连饭也不给他做。这件事大大刺激了苏秦，他下定决心发奋读书，获取功名。

苏秦找来了《太公阴符》，日夜苦读。有时候读累了打瞌（kē）睡，他就用锥子扎自己的大腿，清醒后再接着往下读。就这样，经过一年的钻研，他揣（chuǎi）摩出了许多深刻的道理。

后来，苏秦到燕、赵、韩、魏、齐、楚六国游说，建议他们组成联盟抗击秦国。六国采纳了苏秦的建议，订立了合纵盟约，并拜苏秦为纵约长，让他执掌六国相印。苏秦一下子名震天下。

有一次，苏秦因公事路过自己的家乡。他的父母、妻子、嫂子一改往日的态度，对他**毕恭毕敬**，他的嫂子甚至跪在地上不敢起来。苏秦笑着问他嫂子：“你为什么以前对我那么傲慢，现在却对我这么恭敬呢？”嫂子说：“因为你现在做了大官，富贵了。”苏秦听了感慨万分，

**出处** 《战国策·秦策一》："苏秦曰：'嫂，何前倨(jù)而后卑也？'嫂曰：'以季子之位尊而多金。'"

**释义** 倨：傲慢，怠（dài）慢。先傲慢而后恭敬。前后态度截然不同。形容人势力。

**近义词** 前倨后卑 **反义词** 无

**造句** 他前倨后恭的样子很不招人喜欢。

说："同样是我这个人，有钱的时候亲戚就畏惧我，贫穷的时候亲戚就看不起我，更别说一般人了。如果当初我在洛阳有几亩田地，现在就不会佩戴六国相印了吧！"于是，他拿出千金，赏赐给了亲戚和朋友。

## 知识小卡片

### 合纵连横

合纵连横是战国纵横家提出的一种外交和军事政策。古时，南北朝向为“纵”，东西朝向为“横”。因为战国七雄中较弱的国家是纵向分布，较强的国家是横向分布，所以，弱国联合起来抵抗强国称为“合纵”，强国与弱国结盟称为“连横”。苏秦主张“合纵”之术，他的同门师兄弟张仪则主张“连横”策略。

## 成语游戏

### 十字方阵

在下面的空格内填入适当的字，按箭头所指的方向组成四条成语。快来试试看吧！

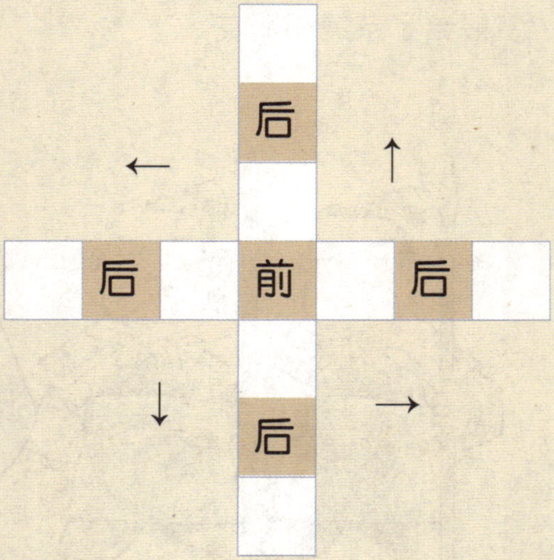

## 方位词成语

在方框内填入适当的方位词，组成成语。快来挑战吧！

东 南 左 右 下
后 北 上 外 前 中

| | | | |
|---|---|---|---|
| □辕□辙 | □□逢源 | □倨□恭 | □行□效 |
| □功尽弃 | □流砥柱 | □患无穷 | 瓜田李□ |
| □车之鉴 | 紫气□来 | □□其手 | □强□干 |

## 成语归归类

下面都是描写态度的成语，把它们补充完整，并按照要求进行分类。

| | | | |
|---|---|---|---|
| 低○下○ | ○眼○观 | ○○可亲 | ○中无人 |
| 毕○毕○ | 不○言笑 | 爱○不○ | ○○其事 |
| 春风○气 | 拒人○里 | ○指气使 | 一本○经 |

傲慢：

温和：

冷漠：

恭敬：

严肃：

卑微：

# 完璧归赵

公元前 283 年，赵惠文王得到了一块稀世珍宝——和氏璧。秦昭王听说以后，就派人给赵惠文王送了一封书信，希望能用十五座城池来换取和氏璧。

赵惠文王看完书信以后十分着急，便和大将军廉颇等大臣商议对策。大家认为，如果把玉给了秦国，万一秦国不给城池，那赵国就吃大亏了；可若是不给的话，就会得罪了秦国，恐怕秦国会派大军前来攻打。给还是不给？一时间赵惠文王拿不定主意。

**出处** 《史记·廉颇蔺（lìn）相如列传》：“臣请完璧归赵。”

**释义** 完：完整无缺；璧：古代一种玉器。指蔺相如将和氏璧完好无损地自秦送回赵国。比喻把原物完好无缺地归还原主。

**近义词** 物归原主 **反义词** 久假不归

**造句** 你借给我的这本书，我看完后一定完璧归赵。

这时，一位大臣向赵惠文王推荐了蔺相如，说他是个有见识的人，或许可以解决问题。赵惠文王立即召来蔺相如，让他出个主意。蔺相如认为秦强赵弱，答应秦国的要求为好，并**自告奋勇**带着和氏璧出使秦国，还保证一定把玉**完好无损**地带回来。于是，赵惠文王便派蔺相如护送和氏璧去了秦国。

秦昭王拿到和氏璧以后十分高兴，把它递给身边的人传看，众人都向秦昭王庆贺。蔺相如见秦昭王没有交付城池的意思，就走上前说宝玉有瑕疵，要指给秦昭王看。秦昭王便把和氏璧交给了蔺相如。蔺相如一拿到和氏璧，就立刻向后退了几步，靠在一根柱子上，然后**怒气冲冲**地对秦昭王说：“我看您并不想交付城池，所以取回了玉璧。如果您现在强逼我，我就将它砸碎！”说着，举起和氏璧就要往柱子上砸。秦昭王**大惊失色**，怕他把璧砸碎了，急忙向他赔不是，并保证一定给赵国十五座城池。

蔺相如又让秦昭王举行隆重的交接仪式。秦昭王估量不能强夺，只好答应。蔺相如知道秦昭王不会交付城池，所以一回到住处，就吩咐随从装扮成商人，带着和氏璧偷偷从小路返回赵国。几天后，秦昭王听说了这件事，恼怒万分，但想到即使杀了蔺相如也于事无补，还会伤了两国的和气，便放蔺相如回赵国去了。

## 知识小卡片

### 和氏璧

和氏璧是我国古代著名的美玉，发现者是春秋时期楚国人卞（biàn）和。相传，卞和在山中得到一块璞（pú）玉（包藏玉的石头），先后将它献给楚厉王、楚武王，结果都被认为是石头，卞和也因“欺君之罪”被砍去双脚。后来楚文王即位，命工匠打开玉石，果然发现宝玉，于是命名为和氏璧。此玉起初为楚国国宝，后来作为陪嫁品流入赵国。

## 成语游戏

### 汉字加减

根据下面的等式，将成语补充完整。

（提示：加减时只需考虑空格内的字。）

| | | | | |
|---|---|---|---|---|
| 独____蹊径 | + | 抛砖引____ | = | 完____归赵 |
| ____无虚席 | − | 大庭____众 | = | ____立不安 |
| 鱼____之乡 | + | 庞然____物 | = | 分门别____ |
| 无理____闹 | − | 欲言____止 | = | 不绝于____ |
| 漆____一团 | + | 丧家之____ | = | 潜移____化 |

## 成语天平

将天平上的成语填写完整，使其构成一对近义词。

不可（　）数　　尽人（　）知　　（　）（　）不绝　　（　）流不息

（　）如牛毛　　（　）喻（　）晓　　物归（　）（　）　　（　）璧归赵

## 成语谜语

根据左侧的成语谜面，猜出相应的成语谜底。

| 谜面 | 谜底 | 谜面 | 谜底 |
| --- | --- | --- | --- |
| 完璧归赵 |  | 惊弓之鸟 |  |
| 量体裁衣 |  | 马到成功 |  |
| 起早贪黑 |  | 桃李满天下 |  |

# 负荆请罪

蔺相如**完璧归赵**后，又在渑（miǎn）池之会上立下大功，被赵惠文王拜为上卿，官职在大将军廉颇之上。这可把廉颇气坏了，他不服气地对别人说：“我廉颇**出生入死**征战沙场，立下多少战功，他蔺相如有什么能耐，凭着一张巧嘴，竟然爬到我的头上来了。我实在忍不下这口气！哪一天碰到了他，我一定给他点颜色瞧瞧！”

这话被蔺相如知道了，蔺相如便处处避开廉颇，免得跟他相见。蔺相如的手下看不过去，都以为他胆小，他们对蔺相如说：“我们离开亲人来投奔您，是因为仰慕您的威望。如今您的地位比廉将军高，他羞辱了您，您却躲避着他，也太怯懦了！”

蔺相如问他们：“诸位觉得廉将军和秦王相比，谁更厉害？”

众人回答：“当然是秦王厉害。”

蔺相如又说：“我连秦王都不怕，又怎么会怕廉将军呢？秦国之所以不敢进攻我国，就

**出处** 《史记·廉颇蔺相如列传》：“廉颇闻之，肉袒（tǎn）负荆，因宾客至相如门谢罪。”

**释义** 负：背着；荆：荆条。背着荆条请罪。表示主动向人认错赔罪，请求责罚。

**近义词** 登门谢罪　**反义词** 兴师问罪

**造句** 昨天我不该嘲笑你，所以今天负荆请罪来了，还望你能原谅我。

是因为忌惮（dàn）我和廉将军。如果我们闹矛盾了，秦国一定会趁机进犯，那样赵国就有危险了。为了赵国，我愿意避让廉将军！”

后来，蔺相如的话传到了廉颇的耳朵里。廉颇为自己的狭小气量感到羞愧，于是，他脱去上衣，袒露胳膊，背上荆条，去向蔺相如请罪。蔺相如见他态度真诚，也没有计较。从此以后，他们成了**莫逆之交**，**齐心协力**，一起为保卫赵国效力。

## 知识小卡片

### 渑池之会

公元前 279 年，秦昭王约赵惠文王到渑池相会，进行和谈，蔺相如陪同赵惠文王前往。会上，秦昭王想羞辱赵惠文王，让他鼓瑟助兴，又向他讨要赵国的城池为自己献礼。蔺相如机智应对，让秦昭王击缶（fǒu），并用秦国的都城咸阳为赵惠文王献礼。秦昭王没占到任何便宜。渑池之会后，蔺相如得到赵惠文王的重用。

## 成语游戏

### 对号入座

看完廉颇和蔺相如之间的故事，试着将下列成语对号入座吧。

以和为贵　负荆请罪　豁达大度　迷途知返　幡然悔悟　宽大为怀　知错就改　不计前嫌

廉颇 ____________________

蔺相如 ____________________

## 行走路线

小狗汪汪去找朋友玩，有两条路线可以到达朋友家，你能帮它把这两条路线上的成语填写完整吗？

负荆请

→ □加一□□人家□便□来张□

→ □恶□天□地□积□发□施□

## 看图猜成语

观察下面的图画，猜对应的成语。

成语

成语

# 纸上谈兵

赵国名将赵奢的儿子赵括，从小**聪明好学**，熟读兵书。他谈论起领兵打仗的事总是**滔滔不绝**，就连赵奢都讲不过他。时间久了，他便认为天下没有人能够比得上自己。但是，赵奢知道儿子并不懂得兵法，没有领兵打仗的本事，他曾对妻子说：“将来赵国不用赵括做将领也就罢了，若是真的用了他，必然会使赵国惨败。”

后来，秦国进攻赵国，赵孝成王任命廉颇为大将，率领几十万大军前去破敌。两军在长平（今山西晋城高平市）展开大战。廉颇见秦军强大，不能

**出处** 《史记·廉颇蔺相如列传》："赵王因以（赵）括为将，代廉颇。蔺相如曰：'王以名使括，若胶柱而鼓瑟耳。括徒能读其父母传，不知合变也。'赵王不听，遂将之。……"

**释义** 比喻空谈理论，不能解决实际问题。也比喻只是空谈，不能成为现实的事物。

**近义词** 夸夸其谈　**反义词** 言必有中

**造句** 他看起来很有本事，其实只会纸上谈兵，根本没有经验。

硬拼，便采取了以守为攻的策略，任凭秦军如何挑衅（xìn），都不出战。就这样，秦、赵两军在长平陷入了僵（jiāng）持。秦王知道拖下去对自己不利，就派人使出反间计，去赵国散布谣（yáo）言，说廉颇畏惧秦兵，不敢出击，秦国特别害怕赵括做将军。

赵王听信谣言，决定让赵括取代廉颇。蔺相如劝阻说："大王仅凭名声就任用赵括，就像用胶粘住调弦的柱再去弹瑟一样。赵括只会读他父亲留下的几本兵书，不懂得**随机应变**啊。"但赵王执意任命赵括为主将。

赵括没有实际作战的经验，他刚到战场，就改变了廉颇的作战方略，废除了原来的号令，还撤换了一批将领，导致军心浮动。秦王见了十分高兴，暗中派大将白起来到长平战场。白起发动袭击，然后佯装败退。赵括派兵追击，结果中了圈套，陷入秦军的包围圈，几十万赵军成为**瓮中之鳖**。赵军**孤立无援**，粮草断绝，赵括亲率精锐部队突围，最后被秦军乱箭射死。赵军没了主将，顿时溃散，四十万大军最终成为俘虏，并且全被活埋。

经此一战，赵国**元气大伤**，再也无力跟秦国抗衡。

## 知识小卡片

### 战国四大名将

战国时代，各国征伐不断，涌现出许多著名的将领，其中最有名的是秦国的白起、王翦（jiǎn），赵国的廉颇和李牧。《千字文》中说：“起翦颇牧，用军最精。”四人都战功赫赫，尤其是白起和李牧，被封为“武安君”，这是战国时期的一种高等爵位，在当时只有极少数人可以得到。

## 成语游戏

### 成语歇后语

下面是一些歇后语，请根据歇后语的引子，写出相应的成语谜底。

斑马的脑袋……（　　）

赵括打仗……（　　）

卖什么吆喝什么……（　　）

鹦鹉学舌……（　　）

稻草人点火……（　　）

口无遮挡……（　　）

## 合适的位置

下列都是带“兵”字的成语，它们分别是什么意思呢？想一想，为它们找到合适的位置吧！

兵不血刃　穷兵黩武　弃甲曳兵　兵临城下　残兵败将　兵强马壮

1 随意发动战争 ________

2 战败的部队 ________

3 军队实力强 ________

4 大军压境，形势危急 ________

5 交锋就取得了成功 ________

6 战败以后狼狈地逃跑 ________

## 近义词大作战

下面的成语中，左侧成语与右侧成语互为近义词，请根据左侧成语的意思，将右侧成语补充完整。

纸上谈兵——（　）（　）其谈

安然无恙——（　）（　）无事

屡见不鲜——司空（　）（　）

千方百计——处（　）积（　）

相提并论——一（　）（　）仁

装聋作哑——充（　）不（　）

# 毛遂自荐

公元前 259 年，秦国军队包围了赵国都城邯郸。赵王命平原君赵胜出使楚国，说服楚王与赵国结盟，共同抵抗秦国。平原君将门客们召集起来，想从中选出二十个**有勇有谋**的人，随他一起前往。可是他挑来挑去，只有十九个人符合条件，最后还缺一个人。

这时候，有个叫毛遂的门客站了出来，对平原君说："主公，让我来凑个数吧。"

平原君觉得他眼生，就问他："你叫什么名字，来我门下多久啦？"

毛遂回答："来了三年了。"

平原君说："我听说有才能的人，就像锥（zhuī）子放在袋子里一样，锥子尖儿很快就会戳（chuō）破袋子露出来。你在我门下待了这么长时间，我却从来没听过有人称赞你，可见你没有什么本领。这次任务非同一般，我看还是算了，你就留在府上吧。"

毛遂说："请您今天就把我放进袋子里吧。如果我已经在袋子里，早就**脱颖而出**了，不仅仅是冒尖儿而已。"平原君见毛遂出言不凡，而自己一时也找不到更合适的人选，于是便答应了毛遂的请求。

到了楚国，平原君去和楚王商议结盟的事。两人谈了一上午，楚王就是不同意联合抗秦。毛遂见状，提着宝剑来到平原君和楚王面前。楚王命他退下，他按着剑柄说："大王之所以

**出处** 《史记·平原君虞（yú）卿列传》：“门下有毛遂者，前，自赞于平原君曰：‘遂闻君将合从于楚，约与食客门下二十人偕，不外索。今少一人，愿君即以遂备员而行矣。’”

**释义** 毛遂：战国时赵国平原君的门客。比喻自告奋勇或自己推荐自己去做事。

**近义词** 自告奋勇 **反义词** 推三阻四

**造句** 开学第一天，他毛遂自荐做了班长。

敢斥责我，是因为楚国**人多势众**。但现在我离大王只有十步之遥，大王不能依赖楚国的势力了。而大王的性命，就掌握在我毛遂的手里！”

楚王见他拿着宝剑，便和气地说：“愿听先生高见！”接着，毛遂**慷慨陈词**，向楚王详细分析了联合抗秦的好处，楚王听了觉得十分在理，当即与平原君订立了盟约。毛遂也因此赢得了平原君的尊重，被平原君奉为上宾。

## 知识小卡片

### 战国四公子

平原君赵胜和信陵君魏无忌、春申君黄歇、孟尝君田文，并称为“战国四公子”。平原君、信陵君、孟尝君分别是赵国、魏国、齐国的皇室成员，春申君则是楚国的大臣。四人都以好客养士闻名天下，收养的门客有数千人之多。

## 成语游戏

### 成语里的姓氏

赵钱孙李，周吴郑王……有许多姓氏包含在成语中。将恰当的姓氏填入下列空格，组成成语。

| | | | |
|---|---|---|---|
| 水滴____穿 | ____重其事 | 因材____教 | 感恩____德 |
| 包罗____象 | ____过饰非 | 谈____论今 | 平____无故 |
| 引以为____ | 名胜____迹 | 兴____问罪 | 走马上____ |

## 人名填成语

在空格内填入人物名，组成成语。

○○自荐　○○效颦　○○好龙　○○移山

○○相马　名落○○　○○绝弦　○○三迁

## 趣味谜语

下列是有关成语“毛遂自荐”的谜语，看看你会几个。

1. 谜面：毛遂自荐（打一成语）

谜底：

2. 谜面：毛遂自荐（打一排球教练）

谜底：

3. 谜面：毛遂自荐（打一人名）

谜底：

4. 谜面：毛遂自荐（打一字）

谜底：

# 焚书坑儒

秦始皇消灭六国后，又击败了北方强大的匈奴，十分高兴，便在宫里大宴群臣。席间，有一个博士说："商、周两代统治天下千年之久，都是因为分封子弟和功臣的缘故。现在陛下您拥有天下，子弟却多是普通人。万一发生了什么事，要靠谁来支援啊？凡事效法古代，才可以长久不衰。"

丞相李斯接着说："时代不同，实行的制度也不同，不可以**因循守旧**。现在陛下开创了**前所未有**的事业，建立了不朽的功勋，怎么能再去效法古代的做法呢？从前诸侯相争，用优厚的待遇招揽天下的读书人。如今天下太平，法令统一，百姓应该在家努力种田和经商，读书人则应该好好学习法律禁令。可是，就是有一些读书人不学习现在的知识，非要模仿古代，指责现行的政策，向百姓造谣，故意制造混乱。这种现象如果不加以禁止，必然会使皇帝的权威下降。所以，我请求陛下下令：只要不是秦国的典籍，都要焚毁；只要不是博士掌管的典籍，都要烧掉；有敢私下谈论《诗经》《尚书》的，处以死刑；凡是引用古书反对时政的，杀死全族；官吏知情而不检举的，与犯人同罪；命令下达三十天而不烧掉书籍的，在脸部刺字，并罚四年劳役。唯一不烧毁的，是医药、占卜、农林之类的书。"

秦始皇采纳了李斯的建议，于是下令焚书。

**出处** 汉·孔安国《〈尚书〉序》：“及秦始皇灭先代典籍，焚书坑儒，天下学士逃难解散。”

**释义** 坑：挖坑活埋；儒：读书人。焚烧书籍，活埋儒生。

**近义词** 无 **反义词** 无

**造句** 对于秦始皇焚书坑儒这件事，人们多持批判的态度。

当时，秦始皇正在派人寻找所谓的**长生不老**之药，结果花了好多钱也没有找到。后来，他听信方士侯生和卢生的谎言，便让他俩再去寻找长生不老的仙药。侯生和卢生知道仙药难求，怕受到处罚，咒（zhòu）骂了秦始皇一顿后，就悄悄溜走了。秦始皇知道后大怒，气愤地说：“我待卢生等人不薄啊，不仅信任他们，还赏赐了他们许多东西，他们却说我的坏话，还逃走了，真是**罪不可赦**！还有咸阳的一些儒生，我派人暗中侦察，竟发现有人散布邪说来惑乱百姓，真是可恶！”

于是，秦始皇就把咸阳的方士和儒生集中起来，交给御史审问，又让他们互相告发。最后，触犯禁令的四百六十多人，全被秦始皇下令活埋。

## 知识小卡片

### 秦灭六国

秦国是战国末期最强大的国家，到了秦王嬴（yíng）政时期已经具备统一六国的条件。公元前 230 年，秦王嬴政开始了统一六国的战争。秦军先后攻灭韩、赵、魏、楚、燕、齐六国。公元前 221 年，秦国完成统一大业，建立起我国历史上第一个统一的多民族的封建国家——秦朝，秦王嬴政自称始皇帝。

## 成语游戏

### 琴棋书画

琴棋书画也称“四艺”，是古人修身必须掌握的技能。请用“琴、棋、书、画”四字，将下面的成语补充完整。

（　）瑟之好　（　）声琅琅　（　）饼充饥　知（　）达理

（　）逢对手　对牛弹（　）　雕梁（　）栋　举（　）不定

## 小侦探

用火眼金睛找出下面成语中的错别字。

儒
焚书坑
孺

恃
有　无恐
持

棘
披荆斩
刺

汇
融　贯通
会

路
光怪　离
陆

莫
不关心
漠

暇
应接不
遐

惴惴
不安
揣揣

## 寻找主人公

为下列成语寻找主人公，快来试试吧。

| | |
|---|---|
| 焚书坑儒 | 花荣 |
| 无中生有 | 秦始皇 |
| 饥不择食 | 庄子 |
| 涸辙之鲋 | 鲁智深 |

# 指鹿为马

秦二世时，丞相赵高**野心勃勃**，总想着篡（cuàn）位做皇帝，为了检验自己在朝中的威信，他做了一个测试。

一天，他让人将一只鹿牵到朝堂上，满脸堆笑地跟秦二世说：“陛（bì）下，臣最近得到一匹千里马，特将它牵过来献给您。”

秦二世仔细一看，这哪里是马，分明是鹿，便笑着对赵高说：“丞相莫不是搞错了，这明明是一只鹿，你怎么说是马呢？”

赵高**面不改色**，**一本正经**地说：“陛下，这确实是一匹千里马呀，如果您不信的话，可以问问在场的诸位大臣，它到底是马还是鹿？”说完，赵高用威吓的眼光扫视了一下在场的众位大臣。

秦二世觉得纳闷，于是让大臣们挨个看了一遍，然后问他们这是什么。一些正直的大臣不愿说假话，指出那是鹿；一些奸佞（nìng）之徒为了讨好赵高，附和说是马；还有一些人默不出声。

**出处** 《史记·秦始皇本纪》："赵高欲为乱，恐群臣不听，乃先设验，持鹿献于二世，曰：'马也。'二世笑曰：'丞相误耶？谓鹿为马。'问左右，左右或默，或言马以阿顺赵高。或言鹿者，高因阴中诸言鹿者以法。"

**释义** 指着鹿，说是马。比喻有意颠倒黑白，混淆是非。

**近义词** 颠倒黑白 **反义词** 是非分明

**造句** 作为一个领导者，绝不能指鹿为马，是非不分。

事后，赵高找机会杀害了那些不承认是马的大臣。从此以后，大臣们对赵高更畏惧了。

## 知识小卡片

### 赵高

赵高本是一名宦（huàn）官，在秦始皇时期担任中车府令（掌管皇帝车马）的职位。公元前210年，秦始皇在巡游途中病逝，赵高扶持秦始皇的小儿子胡亥继承皇位，即为秦二世。赵高在秦二世统治时期先后任郎中令、丞相职位，结党营私，独揽大权。

## 成语游戏

### 表情符号猜成语

根据左侧给出的表情符号，猜出对应的成语。

成语：

成语：

成语：

## 成语路线

从图中的某个字开始，一次走遍所有的字，要求经过的路线不能重复。快来挑战吧，看看都有哪些成语。

| | | | |
|---|---|---|---|
| 鹿 | 指 | 歌 | 当 |
| 为 | 马 | 对 | 酒 |
| 成 | 到 | 成 | 双 |
| 功 | 败 | 垂 | 成 |

## 火眼金睛

下面的成语有的“正义”，有的“邪恶”，请你用火眼金睛将它们进行分类吧。

指鹿为马　克己奉公　道貌岸然　慷慨解囊

两面三刀　颠倒黑白　见义勇为　开诚布公

形容是非不分

形容虚伪

形容无私

形容乐于助人

# 破釜沉舟

秦始皇统治后期**残暴不仁**，他不仅频繁地在全国大规模地征调民力服徭役，而且还对百姓征收沉重的赋税，制定了许多严酷的刑罚，人民**苦不堪言**。秦二世即位后继续实行暴政，对百姓的剥削和压迫更加残酷，最终激起了陈胜、吴广领导的大泽乡起义。

陈胜、吴广起义之后，在吴中的项梁、项羽叔侄起而响应，而原来被消灭的东方六国诸侯的后代，也先后在自己的土地上复国称王，参与到推翻秦朝统治的浪潮之中。秦二世见状，紧急派大将章邯领兵讨伐。

章邯击破了项梁率领的楚军主力后，带领大军一路北上，去攻打赵国。赵军在巨鹿（今河北邢台巨鹿县）被秦军围困，赵王急忙派人去楚国求救。楚怀王接到赵王求援的信函（hán），立即命宋义为上将军，项羽为副将，率军前去援救赵国。

不久，楚军到达了安阳。将士们一个个**摩拳擦掌**，斗志旺盛。但是宋义**胆小怕事**，他看到秦军势力强大，心生惧意，便下令驻扎下来，接连四十多天**按兵不动**。项羽忍不住了，跑去质问宋义，让他赶紧出兵，与赵军**里应外合**，歼灭秦军。宋义却不听项羽意见，坚持要等到秦、

**出处** 《史记·项羽本纪》："项羽乃悉引兵渡河，皆沉船，破釜（fǔ）甑（zèng），烧庐舍，持三日粮，以示士卒必死，无一还心。"

**释义** 釜：锅。打破饭锅，凿沉渡船。比喻决一死战。也比喻下定决心，不顾一切地干到底。

**近义词** 背水一战 **反义词** 瞻前顾后

**造句** 只要有破釜沉舟的决心，就没有克服不了的困难。

赵**两败俱伤**之时再出兵。他还下令说，军中如果有谁不服从命令，一律**格杀勿论**。

项羽心中十分不满。一天早晨，他冲进营帐杀了宋义，为了稳定军心，他对将士们说宋义背叛了楚怀王，自己是奉楚怀王的命令把他处死的。将士们纷纷表示愿意服从项羽的指挥，并一致拥立项羽为上将军。

随后，项羽率领大军渡过漳（zhāng）河。他命令士兵把渡船全部砸沉，把做饭用的锅全部砸碎，并烧掉所有的营房，每人只允许带三天的口粮，以此表明要**决一死战**。没了退路的楚军将士**以一当十**，奋勇拼杀。最后，楚军以少胜多，大破秦军。

这就是赫赫有名的"巨鹿之战"。巨鹿之战以后，项羽声名大振，被拥立为各路反秦起义军的领袖。

## 知识小卡片

### 大泽乡起义

公元前209年，陈胜、吴广等几百名壮丁被两个军官押送到渔阳（在今北京密云）戍守边疆。途经大泽乡（今安徽宿州）时，因为天降大雨无法按时到达，要被处死，于是陈胜、吴广率众起义。这是我国历史上第一次大规模的农民起义。大泽乡起义后，农民军的力量迅速壮大，并建立了张楚政权，但后来在秦军的强大攻势下，起义最终失败。

## 成语游戏

### 厨具填成语

用厨具名将下列成语补充完整，快来填一填吧。

| | | | |
|---|---|---|---|
| 破____沉舟 | 衣食饭____ | 一言九____ | 砸____卖铁 |
| 杯____狼藉 | 揭不开____ | 鱼游____中 | 力能扛____ |
| 血____大口 | 照葫芦画____ | 吃着____里，瞧着____里 | |

## 小小舟船

下面的成语都含有“舟”字或“船”字，请将它们补充完整吧。

顺水推（　） 草（　）借箭 逆水行（　） （　）车劳顿

南（　）北车 车载（　）装 木已成（　） 脚踏两只（　）

（　）车之利 水可载（　），亦可覆（　） 宰相肚里能撑（　）

## 交朋友

“坚定”先生和“犹豫”先生一起去参加晚会，它们分别会交到哪些朋友呢？快来猜一猜，然后连线吧。

“坚定”先生

“犹豫”先生

志在必得

瞻前顾后

破釜沉舟

举棋不定

义无反顾

优柔寡断

# 约法三章

项羽在巨鹿与秦军大战的时候，另一位农民起义军首领刘邦乘机进攻秦朝都城咸阳。

刘邦率领大军**长驱直入**，一直到达距离咸阳只有几十里的灞（bà）上地区。秦王子婴见**大势已去**，便用绳子绑住自己，坐着白色马车，穿着丧服，手捧玉玺（xǐ）和兵符向刘邦投降。秦朝就这样灭亡了。

随后，刘邦率军进入咸阳。他来到秦朝皇宫，见宫殿富丽堂皇，金银珠宝无数，又激动又高兴，就想搬进宫里住下来，好好地享受一番。

大将樊哙（kuài）和谋士张良见状，

**出处** 《史记 · 高祖本纪》："（刘邦）与父老约法三章耳：杀人者死，伤人及盗抵罪。"

**释义** 约定法律三条。原指刘邦进入咸阳，废除秦法之后制定三条简单法令。后泛指共同遵守的规定。

**近义词** 无　　**反义词** 无

**造句** 我跟弟弟约法三章，每天都要做一件家务。

**苦口婆心**地劝他不可贪图享乐，只顾眼前的利益，不然就会像秦王一样失去民心。刘邦接纳了他们的建议，于是下令封闭秦王宫，并留下一部分士兵看守仓库，然后把军队撤回灞上。

为了笼络民心，刘邦将关中各县的乡亲、豪杰召集起来，郑重地对他们说："你们忍受秦朝的严刑酷法已经很久啦，我今天就把那些不合理的制度全部废除。现在，我与父老乡亲们约定三条法令：第一，杀人者处死刑；第二，伤人者抵罪；第三，偷盗的人要受罚。请大家务必遵守。我来这里的目的，是替父老乡亲们除害，并不会侵扰大家，请大家放心。"

接着，刘邦派人到各县各乡，把这三条法令宣扬下去。百姓听说后十分高兴，纷纷带着牛、羊、酒、食来犒（kào）劳刘邦的军队。刘邦坚决不受，让大伙儿把这些东西带回去。因此，大家对刘邦的印象更好了，都想让他留下来做王。

由于坚决执行**约法三章**，刘邦取得了百姓的信任与支持，最后他得到了天下，建立了西汉王朝。

## 知识小卡片

### 刘邦

刘邦（公元前256～前195年），字季，沛郡丰邑（今江苏徐州丰县）人。他出身农家，但有着远见卓识。陈胜、吴广大泽乡起义后，他在萧何等人的拥戴下，也举起反秦的旗帜，自称为沛公。公元前206年，刘邦带领起义军攻入咸阳。后来，刘邦在楚汉战争中打败项羽，建立了西汉王朝。

## 成语游戏

### 奇偶数填成语

在空格内填入奇数或偶数，组成成语，快来挑战吧！

第一组：

（　）笔勾销　（　）窍生烟　（　）令（　）申　（　）情（　）欲

（　）死未悔　（　）意孤行　（　）花大绑　（　）教（　）流

第二组：

别无（　）致　（　）畜兴旺　（　）字路口　（　）（　）而立

狼烟（　）起　女大（　）（　）变　（　）万（　）千里

## 写文章

写文章离不开字词句的积累。下面是含有“字、词、句、章”的成语，将它们补充完整吧。

01 字○腔圆　字里○间　只字不○

02 强词夺○　词不○意　○○有词

03 锦囊○句　○词造句　○章镂句

04 约○三章　出○成章　大有○章

## 成语接龙

试一试，完成下面的接龙游戏。

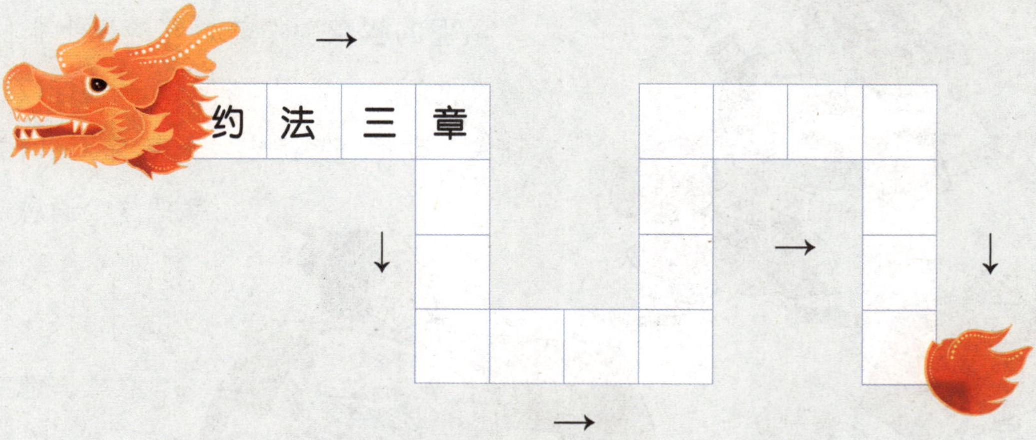

# 项庄舞剑，意在沛公

巨鹿之战以前，项羽和刘邦约定，谁先攻入咸阳，谁就做关中王。

当项羽带着大军来到函谷关时，却听说刘邦已经攻破咸阳，顿时**火冒三丈**，当即派兵攻下函谷关，然后率军进入关中，驻扎在咸阳附近的鸿（hóng）门，准备消灭刘邦。

项羽的叔叔项伯与刘邦的谋士张良交情深厚，他听说项羽要攻打刘邦，便连夜跑去告诉张良，劝他赶紧逃走。张良不愿背弃刘邦，就把这个消息告诉了刘邦。刘邦急忙约见了项伯，表示愿意与他结为亲

**出处** 《史记·项羽本纪》："樊哙曰：'今日之事何如？'良曰：'甚急。今者项庄拔剑舞，其意常在沛公也。'"

**释义** 表面上的言语行为所表示的意思，并不是行为者的真正意图。

**近义词** 醉翁之意不在酒 **反义词** 无

**造句** 项庄舞剑，意在沛公，他表面上指责你，其实是在指责我。

家，请他回去后多帮自己说说好话。

第二天，刘邦带着百余人来给项羽赔罪。项羽设宴招待。宴席上，项羽的谋士范增多次暗示项羽杀死刘邦，但项羽都**置之不理**。于是范增就走出营帐，叫来了项羽的堂兄项庄。

项庄提出舞剑，项羽答应了。于是项庄拔出剑来，开始挥舞。只见剑光闪闪，项庄离刘邦越来越近。项伯担心会出事，也拔剑起舞，还时不时用身体掩护刘邦，使项庄一直找不到机会下手。

张良见情况不妙，急忙走出营帐，叫樊哙进去保护刘邦。樊哙于是立刻拿着武器闯入帐中，怒目直视项羽。项羽见他气度不凡，又得知是刘邦的部下，便没有为难他，而是赐给了他酒水和生猪腿，还问他是否能饮酒。樊哙说："臣连死都不怕，还怕这一杯酒。"随后**一饮而尽**，又乘机说了一通刘邦的好话。项羽**无言以对**，让他挨着张良坐了下来。

过了一会儿，刘邦借口要上厕所，趁机把樊哙、张良叫了出来。刘邦让张良留下来给项羽道歉，自己则带着樊哙等人抄小路回了军营。

张良估摸着刘邦快到达军营了，这才走进营帐，对项羽说明**来龙去脉**。项羽只得作罢。

## 知识小卡片

### 张良

张良（？～公元前189年），字子房，颍（yǐng）川城父［今河南郏（jiá）县］人。他是刘邦的主要谋臣，是一位杰出的军事家和政治家，与韩信、萧何并称“汉初三杰”。张良智谋过人，刘邦曾这样评价他：“夫运筹策帷帐之中，决胜于千里之外，吾不如子房。”意思是说，张良仅在军帐之内做部署，就能决定千里之外战场上的胜负。

## 成语游戏

### 体育项目

填下面的成语，看看空白处组合出了哪些体育项目。

1. 暴□如雷　水涨船□
2. 不胜枚□　忍辱负□
3. 量□裁衣　□之过急
4. 无懈可□　项庄舞□，意在沛公
5. 油腔□调　□雪聪明
6. 耀□扬威　心□不正

## 传统武器

将古代的武器名填入方框中，组成成语。

剑 弓 刀 枪 箭 锤 戈 鞭

(  )无虚发　两肋插(  )　一(  )定音　鸟尽(  )藏

(  )打快牛　上方宝(  )　如(  )在弦　化干(  )为玉帛

明(  )易躲，暗(  )难防　开(  )没有回头(  )

## 猜成语

根据左側的提示，将右侧含有人物的成语补充完整。

才情减退 → (  )(  )才尽

交谊深厚 → (  )(  )之交

身上没有钱 → (  )囊羞涩

行家面前炫本领 → (  )门弄斧

# 四面楚歌

秦朝灭亡后，项羽自恃功高，要主宰天下。他封自己为西楚霸王，又以霸主的身份一口气分封了十几个诸侯，其中，刘邦被封为汉王。不久，诸王内讧（hòng），互相攻伐。刘邦和项羽为争夺天下，爆发了长达五年的楚汉战争。

战争刚开始的时候，楚强汉弱，但后来刘邦的势力不断壮大。公元前 202 年，刘邦趁项羽疏于防备之际，突然对楚军发动袭击，项羽**猝**（cù）**不及防**，大败而退，退到了垓下，却又陷入汉军的包围。

当时，项羽的手下只有十万兵力，军中粮草断绝，士气低落。为了使楚军彻底丧失斗志，刘

**出处**　《史记·项羽本纪》："项王军壁垓（gāi）下，兵少食尽，汉军及诸侯兵围之数重。夜闻汉军四面皆楚歌，项王乃大惊。"

**释义**　比喻陷入孤立无援、四面受敌、走投无路的困境。

**近义词**　腹背受敌　**反义词**　旗开得胜

**造句**　由于战略失误，这支军队陷入四面楚歌的境地。

邦采纳了张良的建议，让汉军在夜里大唱楚地的民歌。

项羽正在军帐内思索突围的办法，忽然听到从**四面八方**传来楚歌，**大吃一惊**，自言自语道："刘邦已经占领楚地了吗？为什么他的军队里会有这么多的楚人？"而楚国的将士听到歌声，不禁思念起家乡，顿时军心涣散。

项羽眼见大势已去，当天夜里就率领八百多名精锐骑兵突破重围，向南逃去。天亮后，汉军发现项羽逃走，急忙派兵追赶，最后在乌江岸边追上了项羽。项羽心知无法逃脱，绝望之余拔剑自刎（wěn）了。

不久，刘邦即位称帝，定国号为汉，史称西汉。

## 知识小卡片

### 鸿沟之约

公元前203年，楚汉战争进行到第四年，战事陷入相持状态。刘邦向项羽求和，项羽答应。双方约定以鸿沟（在今河南境内）为界，中分天下，鸿沟以西归汉，鸿沟以东归楚。约定好以后，项羽便开始向东撤兵，但刘邦突然背约，派兵攻打项羽，最后，将项羽围困在垓下。

## 成语游戏

### 音乐会

在空格内填入与“音乐”有关的字，使其变成完整的成语。

引吭高____　　翩翩起____　　一____三叹　　载____载____

巧舌如____　　异____同工　　____外之音　　____ ____升平

## 正方形奥秘

你能发现下面这个正方形有什么奥秘吗？想一想，在空格处填上适当的字。

| | | | |
|---|---|---|---|
| 歌 | | 面 | 四 |
| | | 表 | 里 |
| 颂 | 山 | 泰 | 于 |
| | 高 | 望 | |

## 成语谜语

根据左侧的成语谜面，猜出相应的成语谜底。

| | |
|---|---|
| 四面楚歌 | |
| 十拿九稳 | |
| 水中捞月 | |
| 昙花一现 | |
| 身在曹营心在汉 | |

# 成也萧何，败也萧何

萧何是刘邦手下的重要谋臣。当年，韩信在刘邦手下还是一名管理粮草的小官。

一次偶然的机会，萧何认识了韩信，一番长谈后，他发现韩信是个难得的将才，对他十分钦佩，就想把他推荐给刘邦。谁知萧何还没有来得及行事，韩信就因为**怀才不遇**逃走了。萧何一着急，来不及向刘邦报告，就快马加鞭地去追赶韩信。

刘邦还以为萧何逃跑了，十分震怒。等到萧何追回了韩信去见刘邦，刘邦生气地问萧何为什么逃跑，萧何告诉他自己去追韩信了，然后郑重地对刘邦说：“韩信是个杰出的人才，您若想夺取

**出处** 宋·洪迈《容斋续笔》："信之为大将军，实萧何所荐，今其死也，又出其谋，故俚（lǐ）语有'成也萧何，败也萧何'之语。"

**释义** 成事是因为萧何，败事也是因为萧何。指事情的成败或好坏都是由同一个人或同一事物造成的。

**近义词** 无　　**反义词** 无

**造句** 他指引你闯出了一片天，最后又使你一无所有，这真是"成也萧何，败也萧何"啊！

天下，必须重用此人。"于是刘邦便拜韩信为大将军。

韩信拜将以后，充分发挥自己的军事才能，率领汉军**南征北战**，为汉朝的建立立下了卓越功勋。但是，刘邦做了皇帝以后，却对韩信越来越忌惮，生怕他**谋权篡位**。于是刘邦就胡乱找了个罪名解除了韩信的兵权，并降低了他的职位。

后来，有人向刘邦的妻子吕后告发韩信谋反。吕后本来想把韩信召进宫里除掉，但又怕他不肯就范，所以便和萧何商议对策。萧何设计把韩信骗入了宫中，最后韩信被吕后以谋反罪杀掉了。

韩信因萧何举荐功成名就，也因萧何设计不得善终，人们便根据这个故事，概括出"**成也萧何，败也萧何**"这个成语。

## 知识小卡片

### 萧何

萧何（？～公元前193年），西汉开国功勋，有名的政治家。他跟刘邦是同乡，辅佐刘邦发动反秦起义。楚汉战争时期，萧何留守后方，负责向前线输送粮饷和兵力，为刘邦战胜项羽提供了重要保障。刘邦称帝后论功行赏，将萧何排在第一位，并任命萧何担任丞相一职。

## 成语游戏

### 成语里的反义词

下列成语中均包含一对反义词，动手填一填吧。

| | | |
|---|---|---|
| ＿非＿比 | 街＿巷＿ | 挑＿拣＿ |
| 避＿就＿ | 说＿道＿ | ＿差＿错 |
| 弄＿成＿ | 返＿还＿ | 功＿垂＿ |

## 成语楼梯

在下面的空格内填入适当的字，使每一行组成一个成语。

一（　）烟

（　）无反顾

恨铁不成（　）

有（　）者事竟成

打破砂（　）问到底

防（　）之口，甚于防川

搬起（　）（　）砸自己的脚

（　）得青山在，不怕没（　）烧

以其人之（　），还治其人之（　）

# 夜郎自大

**出处** 《史记·西南夷列传》：“滇（diān）王与汉使者言：‘汉孰与我大？’及夜郎侯亦然。以道不通故，各自以为一州王，不知汉广大。”

**释义** 夜郎：汉代时我国西南地区的一个小国。比喻人无知，妄自尊大。

**近义词** 妄自尊大 **反义词** 妄自菲薄

**造句** 我们应该正确看待自我，不能孤芳自赏，夜郎自大。

西汉时期，西南地区有许多少数民族建立的政权，当时的人们称它们为西南夷。

有一年，汉武帝派遣使者出使西南地区，寻找通往身毒（今印度）的通道，沟通西南各国。汉朝使者首先来到了滇国，滇王笑着问使者：“你看汉朝和我国比起来，哪一个大呀？”使者听了吓了一大跳，他没想到这么一个小国家，竟然**自不量力**地跟汉朝相比。

不久，使者离开滇国，来到了夜郎。夜郎国王设宴招待了使者。

宴会上，骄傲无知的夜郎国王**自鸣得意**地问使者：“你看汉朝和我国相比，哪一个更大？”使者听了大吃一惊，心想：“你们国家的地盘只有我们汉朝一个县城那么大，你怎么提这样的问题呢？”于是，使者把汉朝的情况说给夜郎国王听，但夜郎国王就是不相信，他始终认为自己的国家才是全天下最大的国家。

## 知识小卡片

### 汉武帝

汉武帝刘彻是西汉的第七位皇帝，他雄才大略，积极进行改革，开疆拓土，使西汉的国力达到了顶峰，成为当时世界上最强大的国家。汉武帝十分注重和周边国家的关系，他曾两次派张骞（qiān）出使西域，沟通和西域各国的联系，开通了著名的丝绸之路，在少数民族地区则设置郡县，允许民族自治。

## 成语游戏

### 送成语回家

下列成语分别是谦虚公寓和狂妄公寓的住户，你能分清它们，送它们回家吗？

唯我独尊　功成不居　忘乎所以　目空一切　自知之明

虚怀若谷　不可一世　自命不凡　洗耳恭听　戒骄戒躁

谦虚公寓 ____________________

狂妄公寓 ____________________

## 找规律，填成语

下面的成语有着一定的规律，想一想，然后将它们补充完整。

各（ ）为政＋（ ）显神通→夜郎（ ）（ ）

物（ ）价廉＋滴水（ ）漏→（ ）（ ）胜收

（ ）信弃义＋扑朔迷（ ）→（ ）井（ ）乡

差强人（ ）＋血（ ）方刚→（ ）（ ）风发

## 成语风车

在下面的风车中填入正确的字，使由内向外组成若干条成语，快来挑战吧。

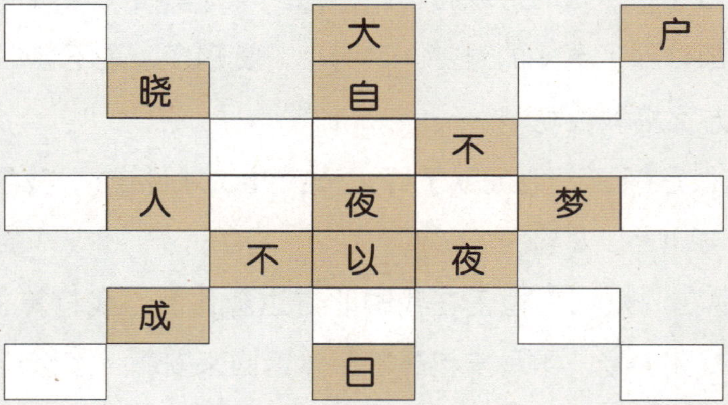

# 马革裹尸

马援是东汉光武帝时期的一员名将，他**骁勇善战**，为东汉的建立立下汗马功劳，又多次率军抵抗外族侵略，保卫了边疆稳定，被光武帝封为“伏波将军”。

有一回，马援打了胜仗回朝，快要到京城时，忽然看到路边**人头攒**（cuán）**动**，站满了前来迎接的亲朋好友。其中，有个叫孟冀的名士，也向马援表示了祝贺，不过说的都是些恭维话。

马援听了很不高兴，沉着脸说：“我本来期望您能说几句指教我的话，但您怎么跟普通人一样，只说奉承的话呢？先朝的伏波将军路博德，功勋卓著，但所得的封赏并不多，如今我的功劳远不及他，却得到了更多的封赏。功劳小，赏赐多，是不会保持长久的。您作为我的朋友，怎么不在这方面指教我呢？”

一席话说得孟冀很是惭愧，他沉默了好大一会儿，才说道：“我愚蠢（chǔn），没有想到这些。”

马援接着说：“现在匈奴和乌桓正在我国北方边疆作乱，我打算主动请缨（yīng）去讨伐他们。男子汉应该战死沙场，用马皮包裹着尸体运回来安葬，怎么能够躺在床上，老死在

**出处** 《后汉书·马援传》："男儿要当死于边野，以马革裹尸还葬耳，何能卧床上在儿女子手中邪！"

**释义** 革：皮革。用马皮包裹尸体。指英勇作战，战死沙场。

**近义词** 为国捐躯 **反义词** 临阵脱逃

**造句** 战士们征战沙场，即使是马革裹尸，他们也无怨无悔。

家中呢？"

孟冀听了敬佩不已，赞叹说："大丈夫确实应该这样啊！"

后来，南方发生叛乱，光武帝多次派兵镇压，都未平定。马援听说后，立刻入宫向光武帝请战。那时马援已经六十多岁了，光武帝见他年老体衰，没有答应。马援当场披甲上马，**神采飞扬**。光武帝见状，便令他率军平叛。来到战场后，由于当地气候酷热，不少士兵都中暑而死。马援也得了重病，不久就去世了，实现了他**马革裹尸**的壮志。

## 知识小卡片

### 匈奴

匈奴是我国古代北方的游牧民族，兴起于战国时期。战国末年，匈奴就时常南下侵扰燕、赵等国的边境，各国相继修建长城抵御其入侵。西汉初年，匈奴的势力强盛，汉朝无力抗击，只能采取和亲方式缓和关系。汉武帝时期，汉朝先后对匈奴发动三次大战，匈奴实力大减。公元 48 年，匈奴分裂成南、北两部，南匈奴归附汉朝，北匈奴仍与汉朝抗衡。

## 成语游戏

### 名人猜猜看

把下面的成语填写完整，看看都有哪些名人吧。

首 □ 一指　　物归 □ 主

□ 革裹尸　　孤立无 □

萧规 □ 随　　稳 □ 胜券

□ 生常谈　　恋恋不 □

□ 清玉洁　　称 □ 如意

## 万马奔腾

下列都是含有“马”的成语，请将它们补充完整。

一马（　）川　招（　）买马　（　）马功劳　马首是（　）

（　）马之劳　倚马可（　）　溜须（　）马　悬崖（　）马

## 身份揭秘

读一读每组的成语，猜猜它们的主人公分别是什么身份。

1 金戈铁马　马革裹尸　视死如归 ____________

2 才思泉涌　妙笔生花　下笔成章 ____________

3 妙手回春　起死回生　救死扶伤 ____________

4 桃李满天下　言传身教　诲人不倦 ____________

# 不入虎穴，焉得虎子

东汉时，北方的匈奴十分强大，严重威胁汉朝的统治。公元 73 年，汉明帝派班超出使西域，希望和西域的小国结成同盟，共同抗击匈奴。

**出处** 《后汉书 · 班超传》：“不入虎穴，不得虎子。”

**释义** 穴：巢穴；焉：怎么。不进老虎洞，怎能抓到小老虎？比喻不亲临险境，便不能成功。

**近义词** 亲临其境 **反义词** 胆小如鼠

**造句** 不入虎穴，焉得虎子，为了获取情报，他毅然深入敌军内部。

班超率领三十六名勇士，首先来到了鄯（shàn）善国。鄯善王一开始对他们很敬重，热情周到地招待他们。但是，没过几天，鄯善王就变得怠慢起来。原来，匈奴也派使者来到了鄯善国，暗中挑拨鄯善国与汉朝的关系。鄯善王犹疑不决，不知道该归服哪一方。

班超发现真相后，认为必须除掉匈奴使者。他对属下说：“我们**千里迢**（tiáo）**迢**来到这里，就是为了建功立业。现在匈奴人却暗中搞破坏，导致鄯善王对我们的态度发生转变。假若鄯善王捉拿我们，将我们交给了匈奴人，别说完不成任务，我们恐怕连性命都无法保全。不进老虎洞，怎么能抓住小老虎？眼下只有一个法子可行，那就是杀死匈奴使者。”大家一致表示赞同。

当天晚上，班超带领勇士们悄悄来到匈奴使者的驻地，趁着风势点燃了他们的营帐。瞬时火光冲天，战鼓齐鸣，杀声四起。匈奴使者毫无防备，全都被杀死了。

之后，班超去跟鄯善王谈判，鄯善王了解事情的经过后，对班超既佩服又畏惧，当即表示愿与汉朝友好邦交。就这样，班超凭借过人的胆识，出色地完成了任务。

## 知识小卡片

### 班超

班超（公元 32 ~ 102 年），字仲升，东汉著名的军事家、外交家。早年，他替官府抄写文书，因不甘平庸，希望像张骞一样建功立业，为国家做贡献，便去从军打仗。他最大的贡献是出使西域，曾在西域待了三十一年，联络了西域几十个国家抗击北匈奴，保卫了汉朝边疆的安全。

## 成语游戏

### 反问小讲堂

下列成语都包含反问的修辞手法，将它们补充完整吧。

（  ）有此理　　（  ）足挂齿　　不亦乐（  ）　　谈（  ）容易

于心（  ）忍　　人非圣贤，（  ）能无过　　皮之不存，毛将附（  ）

今夕（  ）夕　　塞翁失马，（  ）之非福　　燕雀（  ）知鸿鹄之志

## 八字成语

把下列八字成语的后半部分填写完整。

一夫当关，________

不入虎穴，________

己所不欲，________

麻雀虽小，________

取之不尽，________

一日不见，________

## 连线猜成语

成语的前半句和下半句失散了，请把它们连正确吧。

| | |
|---|---|
| 江山易改 | 两天晒网 |
| 兵马未动 | 必有近忧 |
| 三天打鱼 | 粮草先行 |
| 人无远虑 | 用之不竭 |
| 一言既出 | 本性难移 |
| 取之不尽 | 驷马难追 |

# 三顾茅庐

官渡大战后，刘备败给了曹操，便只能去投靠刘表。刘备身边有个叫徐庶的谋士，曹操仰慕他的才华，就设计把他骗到了自己麾（huī）下。徐庶临走前，向刘备推荐了诸葛亮，说：“诸葛亮智慧超群，隐居在隆中的茅草屋里，您可以请他辅佐您，必能成就伟业。”

**出处** 三国蜀·诸葛亮《出师表》："先帝不以臣卑鄙，猥自枉屈，三顾臣于草庐之中。"

**释义** 东汉末年，刘备为了请诸葛亮出来帮助他打天下，曾三次到诸葛亮的茅庐中拜请。后比喻诚心诚意地登门拜访或邀请某个人。

**近义词** 礼贤下士　**反义词** 妄自尊大

**造句** 校长三顾茅庐，终于聘请来了王老师。

刘备思虑再三，决定去请诸葛亮出山，于是带上礼物，领着两个义弟——关羽、张飞，来到隆中卧龙岗拜访诸葛亮。可是诸葛亮不在家，三人只好**怏**（yàng）**怏不乐**地回去了。

几天后，刘备打听到诸葛亮回来了，就又带着关羽、张飞，冒着风雪去拜访诸葛亮。没想到诸葛亮又出门了，兄弟三人又白跑了一趟。刘备只好留下一封信，表达了自己**求贤若渴**的心情。

第二年春天，刘备斋戒沐浴，和关羽、张飞第三次来到隆中拜请诸葛亮。这回诸葛亮正好在家，但他却在睡午觉。刘备让关羽、张飞在门外等候，自己拱手站在台阶下等待。等了好几个小时，诸葛亮才醒来。见面后，刘备诚恳地邀请诸葛亮出山相助，诸葛亮被刘备的诚意打动，便答应了刘备的请求。

刘备尊诸葛亮为军师，对关羽、张飞说："我有孔明，就像鱼有水一样！"

后来，在诸葛亮的辅佐下，刘备壮大了实力，最终建立了蜀汉政权。

## 知识小卡片

### 诸葛亮

诸葛亮字孔明，是三国时期一位杰出的政治家和军事家。他一开始隐居在南阳城外的卧龙岗，后出山辅佐刘备，成为刘备的军师。蜀汉政权建立后，他出任丞相一职。诸葛亮雄才伟略，智谋过人，《三国演义》中关于他的事迹有许多，比如“大摆空城计”“巧布八阵图”等。

## 成语游戏

### 成语加减法

下面是一组关于成语的算术题，开动脑筋把它做出来吧。

| | |
|---|---|
| 背水（　）战 | （　）霄云外 |
| 别无（　）致 | （　）生有幸 |
| ＋（　）顾茅庐 | －（　）话不说 |
| （　）亲不认 | （　）脚朝天 |

## 电话号码

小冬想给同学打电话，却想不起来电话号码，请你补全成语，帮小冬找出电话号码吧。

(1) □足鼎立　(2) 胡说□道　(3) 不屑□顾　(4) 韦编□绝

(5) 学富□车　(6) 数□寒天　(7) 才高□斗　(7) 心无□用

电话号码＿＿＿＿＿＿＿＿＿＿

## 姓氏成语

下面都是含姓氏的成语，把它们填写完整吧。

百步穿□　□而复始　□冠□戴　□空见惯

百无聊□　含□茹苦　望其□背　心心相□

拔□助长　壮志□云　天方夜□　光怪□离

# 刮目相看

**出处** 《三国志·吴书·吕蒙传》裴松之注引《江表传》："肃拊（fǔ）蒙背曰：'吾谓大弟但有武略耳。至于今者，学识英博，非复吴下阿蒙。'蒙曰：'士别三日，即更刮目相待。'"

**释义** 刮目：擦亮眼睛。改变老眼光，用新眼光看人。

**近义词** 另眼相看 **反义词** 不屑一顾

**造句** 小刚进步很快，学习成绩得到了大幅度的提升，同学们都对他刮目相看。

东吴大将吕蒙从小家境贫寒，没读过什么书，知识水平不高。

有一次，吴王孙权严肃地对吕蒙说："你现在身居要职，掌管国家大事，只有一身武功是不够的，应该多读一点儿书，增长自己的见识。"吕蒙却推托说军中事务繁忙，抽不出时间来读书。孙权问他："你的事务有我的多吗？我经常抽空读书，感觉收获颇丰。"然后，孙权列举了东汉光武帝**手不释卷**的事例。

吕蒙深受触动，下定决心认真读书。只见他专心致志，刻苦学习，取得了很大的进步。有一天，鲁肃来拜访吕蒙。在谈话中，鲁肃惊奇地发现，吕蒙跟过去相比有了很大的改变，学问见识也**今非昔比**了。他不禁感叹说："我原来一直认为你只有武略，现在看来，你的学识渊博，已经不是从前那个没有文化的粗人了。"

吕蒙听到鲁肃的话，笑着说："多日不见，人是会改变的，应该用不一样的眼光看待啊！"

## 知识小卡片

### 吕蒙

吕蒙（公元 178 ～ 220 年），字子明。他英勇善战，立下赫赫战功。关于吕蒙的事迹有许多，除了“发愤勤学”的故事外，最著名的就是“白衣渡江”了。公元 219 年，孙权派吕蒙偷袭荆州。吕蒙和一些士兵穿着便服扮成商人，沿着长江进发，后来混进荆州城，占领了荆州。不久，吕蒙又在麦城击败关羽，由此名震天下。

## 成语游戏

### 殊途同归

在方框内填入正确的字，看看其中有什么特点。快来填一填吧！

一□无余　　□言□色　　另眼相□　　□而不□

□而却步　　□不斜□　　立竿□影　　有□共□

高□远□　　□影自怜　　□洋兴叹　　□异思迁

## “目”字成语

下列成语都含有“目”字，根据提示将它们补充完整吧。

| | | |
|---|---|---|
| 01 | 东西太多，看不过来 | 目不（ ）（ ） |
| 02 | 眼睛明亮有神 | 目光（ ）（ ） |
| 03 | 过去的事情浮现在眼前 | （ ）（ ）在目 |
| 04 | 记忆力特别强 | 过目（ ）（ ） |
| 05 | 公开做坏事 | （ ）目（ ）胆 |

## 开心猜一猜

下面这些歇后语的谜底都是成语，将它们补全吧。

乌鸦照镜子—— （ ）目相看

独木桥上相遇—— （ ）路相逢

落水的桃花—— 随（ ）逐流

啄木鸟吃害虫—— 与（ ）为善

水里按葫芦—— 此（ ）彼（ ）

叫花子打了碗—— （ ）家（ ）产

# 鞠躬尽瘁

蜀后主刘禅在位期间昏庸无能，只知享乐，治理国家的重任全部落到了丞相诸葛亮身上。

诸葛亮根据天下形势，提出联吴伐魏的主张。等到一切筹备好了以后，他便决定北上伐魏。出征前夕，他给刘禅上了一道奏章，劝刘禅亲近贤臣，采纳忠言，**富国强兵**，完

**出处** 《三国志·蜀书·诸葛亮传》裴松之注引《汉晋春秋》："臣鞠躬尽力，死而后已。"

**释义** 鞠躬：表示恭敬、谨慎；尽瘁：竭尽劳苦。表示小心谨慎，不辞劳苦，竭尽全力。

**近义词** 尽心竭力 **反义词** 敷衍了事

**造句** 周总理为人民鞠躬尽瘁，人民都很敬爱他。

成兴复汉室的大业。这道奏章就是著名的《前出师表》。

不过，这次北伐并未获胜，诸葛亮只好率军退回蜀国，等待下次伐魏的机会。

后来，魏国攻打吴国，诸葛亮见魏国内部空虚，认为进军的时机已到，就决定再次北伐。当时很多大臣提出反对意见，于是诸葛亮再次给刘禅上了一道奏章，申明自己北伐的决心。诸葛亮指出，蜀、魏两国**势如水火**，即使蜀国不去攻打魏国，魏国也会来攻打蜀国，不能因为有人反对，就放弃北伐的计划。奏章末尾，诸葛亮表示，自己将忠心报国，**鞠躬尽瘁**，**死而后已**。刘禅同意了诸葛亮的出兵计划，于是诸葛亮再次率领大军北上。

遗憾的是，由于蜀、魏实力悬殊，这次北伐也没有成功。但是诸葛亮并未气馁（něi），他始终寻找时机组织进攻，直到最后病死在军中，实现了他为蜀国奉献一生的愿望。

## 知识小卡片

### 死诸葛吓退活仲达

公元 234 年，诸葛亮第五次北伐，驻军在武功五丈原（今陕西岐山南），与司马懿率领的魏军对峙。由于长期操劳过度，诸葛亮最终因病去世。蜀军将领按照诸葛亮临终嘱托，缓慢退军。司马懿以为诸葛亮死了，率军追击，结果看到诸葛亮（木雕）坐在车上，吓得赶紧撤退。后来这件事传开了，人们都说“死诸葛吓退活仲达”。

## 成语游戏

### 歇后语填一填

在括号内填入恰当的成语，作为歇后语的谜底，快来填一填吧。

诸葛亮做丞相……（　　）

诸葛亮住茅庐……（　　）

诸葛亮用空城计……（　　）

诸葛亮放孟获……（　　）

诸葛亮当军师……（　　）

诸葛亮用兵……（　　）

## 成语谜语

读一读，猜猜下列谜底。

鞠躬尽瘁，死而后已
（打一成语）

完璧归赵
（打一成语）

无人问津
（打一成语）

先下手为强
（打一成语）

## 两个变一个

等号左侧方框内的字合并后，可以填入等号右侧的成语中。快来填一填吧。

光风霁□ ＋ □柴烈火 ＝ □胆相照

摇□一变 ＋ 伤□之鸟 ＝ 鞠□尽瘁

□中豪杰 ＋ 短吃□穿 ＝ □趣横生

□熟能详 ＋ 适可而□ ＝ 不□下问

拐弯抹□ ＋ 雕□小计 ＝ □目惊心

风□突变 ＋ 全□以赴 ＝ 纹丝不□

# 言过其实

马谡字幼常，襄阳宜城（今湖北宜城）人。他和哥哥马良都在刘备手下做官。马谡喜好谈论军事策略，诸葛亮十分看重他，每次接见他，都和他长谈到深夜。可是，刘备觉得马谡**夸夸其谈**，说话不踏实。刘备临终前，曾嘱咐诸葛亮："马谡这个人言语浮夸，不能做大事，丞相你千万不要重用他。" 但是，诸葛亮并没有把刘备的话放在心上。

公元 228 年，诸葛亮亲率大军讨伐魏国。蜀军很快攻克了祁山，诸葛亮决定派出一支军队占领街亭，作为据点。由谁来统率这支军队呢？当时他的身边有好几位**久经沙场**的老将，他一个也没有任用，而是选择了没有作战经验的马谡。

马谡带领兵马到了街亭，这时司马懿（yì）统领的魏军也向街亭开了过来。马谡观察了一下地形，对副将王平说："街亭旁边有座山，正好可以在山上驻扎，布设埋伏。"王平劝谏（jiàn）说："临行前，丞相特意嘱托要坚守城池，稳扎营寨。如今您却要在山上扎营，这太冒险了，魏军一旦围山，我们必败无疑呀。"马谡斥责说："兵法上说：**居高临下**，**势如破竹**。我自幼熟读兵书，丞相有什么事都还问我呢，你为什么要阻止我？"王平劝说不了马谡，只好让他拨给自己一班人马，驻扎在山下。

**出处** 《三国志·蜀书·马良传》：“马谡（sù）言过其实，不可大用。”

**释义** 实：实际。原指言语浮夸，超过自己的实际能力。现多指话说得夸大，超过实际。

**近义词** 夸大其词 **反义词** 恰如其分

**造句** 他这个人言过其实，不值得信任。

司马懿带领魏军来到街亭后，见马谡竟然放着城池不守，把人马驻扎在山上，心中大喜，立刻命人切断了山上的水源，蜀军顿时大乱。司马懿又下令把蜀军的营寨包围起来，马谡几次命令士兵冲下山去，都没有成功。司马懿瞅准时机，发起总攻，蜀军抵挡不过，死伤大半，马谡好不容易才杀出重围。王平率军前去救援，不敌魏军，只好撤退。街亭就这样失守了。

马谡失掉街亭后，诸葛亮按照军法，判处了马谡死罪。马谡死后，诸葛亮**悲痛万分**，大哭不止。有将士问道：“丞相，马谡身负重罪，已经军法处置，您为什么哭呢？”诸葛亮回答：“我并不是为了马谡而哭。我是想起了先帝临终时所说的话，他曾叮嘱我，马谡**言过其实**，不能重用。今天果然应验了。我恨自己识人不明，所以哭了。”

## 知识小卡片

### 诸葛亮六出祁山

据《三国演义》描述，刘备病逝后，其子刘禅继位，诸葛亮为匡扶汉室，统一中原，先后对曹魏政权发动了六次战争，其中直接出祁山两次，间接出祁山两次，未经祁山两次，总称“六出祁山”。

## 成语游戏

### 歇后语猜成语

下面的歇后语都是和《三国演义》有关的，快来根据歇后语猜成语吧。

| | | | |
|---|---|---|---|
| 曹操杀华佗 | | 张飞拆桥 | |
| 马谡用兵 | | 草船借箭 | |
| 貂蝉唱歌 | | 东吴招亲 | |

## 成语变身

小明玩成语游戏时，遇到一个“成语变身”的游戏，觉得很有趣，不如你也来试试吧。

**第一组：**

生机□□ → 生机□□ 两个成语都形容有活力

□□不安 → □□不安 两个成语都表示不放心

□□自大 → □□自大 两个成语都表示自以为了不起

**第二组：**

□□其实名声与实际相符→ □□其实 话说得超过实际

□□不舍舍不得离开→ □□不舍 坚持不懈

□□不动完全按照原样→ □□不动 暂不行动，等待时机

## 成语分类

下面的成语都是跟“说话”有关的，请你根据要求将它们分类吧。

A. 说话空泛：____

B. 说话啰唆：____

C. 说话没条理：____

D. 说话含糊：____

E. 说话声音小：____

a. 语无伦次 b. 吞吞吐吐
c. 言过其实 d. 前言不搭后语
e. 唠唠叨叨 f. 窃窃私语
g. 夸夸其谈 h. 支支吾吾
i. 拖泥带水 j. 闪烁其词
k. 交头接耳 l. 高谈阔论
m. 婆婆妈妈 n. 颠三倒四

# 司马昭之心，路人皆知

曹魏后期，朝廷大权旁落于司马氏一族。魏少帝曹芳即位后，司马懿和曹爽共同辅政，后来，司马懿发动政变，诛灭曹爽，自己掌控了朝中大权。

没过几年，司马懿过世，朝中大权又落在他的两个儿子——司马师和司马昭手上。后来，司马师废掉少帝曹芳，另立曹髦（mào）为帝，权势比司马懿更大。司马师死后，司马昭专揽朝政，一心想

**出处** 《三国志·魏书·高贵乡公纪》裴松之注引《汉晋春秋》："司马昭之心，路人所知也。吾不能坐受废辱，今日当与卿自出讨之。"

**释义** 路人：行路的人，普通人。指阴谋和野心非常明显，大家都看得出来。

**近义词** 无　　**反义词** 知人知面不知心

**造句** 司马昭之心，路人皆知，你不要再为自己的行为辩护了。

要取代曹髦。曹髦贵为皇帝，却没有实权，心里本就愤怒不已，同时也害怕哪一天被司马昭除掉了。他觉得不能再这样下去，就打算**铤（tǐng）而走险**，杀死司马昭。于是，他召来心腹大臣，跟他们商议对策，说："司马昭的野心，连过路的人都知道，我不能再**坐以待毙**（bì），等着他来推翻我，我要你们随我一起去讨伐他。"

几位大臣知道这么做相当于**以卵击石**，就劝曹髦暂时忍耐，不要莽（mǎng）撞行动。可曹髦根本不听劝说，他从怀里掏出事先写好的诏书，说："我已经决定好了，就算死也要去拼一下！"说完，就率领着几百名侍卫去袭击司马昭。谁知消息泄露，司马昭急忙派兵去拦截曹髦，把曹髦杀掉了。

后来，司马昭又立曹奂为帝。从此，曹魏政权便牢牢掌握在了司马昭的手中。司马昭死了以后，没过多久，他的儿子司马炎就篡夺了皇位，建立了西晋，史称晋武帝。

## 知识小卡片

### 晋武帝

晋武帝司马炎是司马昭的大儿子。公元 266 年，他逼迫魏元帝曹奂让出皇位，自己做了皇帝。晋武帝在位前期，厉行节俭，振兴经济，使社会呈现出繁荣景象。但在他统治后期，疏于政事，骄奢淫逸，并大肆分封宗室，为后来的“八王之乱”埋下祸患。

## 成语游戏

### 九字成语

下列成语都是九个字的，请把它们补充完整吧。

____冻三尺，非一日之寒

不以规矩，不能成____ ____

泥____ ____过江，自身难保

凡事____则立，不____则废

做一天和尚撞一天____

## “心”字大集合

下列成语都带有“心”字，根据文字提示，将它们放在适当的位置。

随心所欲　心照不宣　刻骨铭心
撕心裂肺　心旷神怡　漫不经心

- 心里很悲伤。 ____
- 顺着自己的心意去做事。 ____
- 大家心里都明白。 ____
- 不放在心上。 ____
- 印象深刻，永远也忘不了。 ____
- 心境开阔，精神愉快 ____

# 乐不思蜀

蜀国灭亡以后，蜀后主刘禅被魏国军队押送到洛阳。魏国大将军司马昭训斥了他一顿，说他**荒淫无道**，亲信小人，扬言要把他杀掉。刘禅吓得**面如土色**，幸亏众大臣为他求情，他才被免除了死罪。司马昭给了刘禅一个安乐公的官职，让他住在大宅子里，并送给他许多奴仆，每月还发给他薪水，刘禅的生活自在极了。

有一天，司马昭请刘禅来府上吃饭。席间，司马昭故意让人表演蜀地的

**出处** 《三国志·蜀书·后主传》“后主举家东迁，既至洛阳”裴松之注引《汉晋春秋》：“司马文王与（刘）禅宴，为之作故蜀技，旁人皆为之感怆，而禅喜笑自若……他日，王问禅曰：‘颇思蜀否？’禅曰：‘此间乐，不思蜀。’”

**释义** 蜀：三国时的蜀汉。快乐得不想回国。比喻乐而忘返或乐而忘本。

**近义词** 乐而忘返　**反义词** 归心似箭

**造句** 在北京待久了，他有点儿乐不思蜀了。

歌舞，刘禅的随从看了以后不由得思念起家乡，一个个难过得直流眼泪，只有刘禅笑嘻嘻的，一点儿也不伤心。司马昭看见这种情形，于是对贾充说：“想不到刘禅竟然糊涂到了这种地步，即使诸葛亮在世，恐怕也辅佐不了他，更何况是姜维呢！”贾充说道：“不是如此，殿下您又怎么能吞并他呢。”

后来有一天，司马昭问刘禅：“安乐公，你来这里这么久啦，有没有想念蜀地呀？”刘禅说：“这里有吃的还有玩的，我过得很快乐，一点儿也不想念蜀地呢。”他的随从郤（xì）正知道了这件事，便对刘禅说：“陛下怎么能这么回答呢？如果司马昭下次再问您这个问题，您就哭着跟他说：‘先人的坟墓在蜀地，我没有一天不想念。’没准他就会放我们回去了。”刘禅连忙点了点头。后来，当司马昭再次问他想不想念蜀地时，刘禅便把郤正教他的话说了一遍，只是怎么也哭不出来。司马昭于是说：“这话怎么像是郤正说的？”刘禅睁大了眼睛，吃惊地说：“正是他教我这么说的，您是怎么知道的呀？”司马昭和在座的人都哈哈大笑起来。

## 知识小卡片

### 司马昭灭蜀

司马昭（公元 211 ~ 265 年），三国时期魏国权臣，西晋王朝的奠基者之一。公元 263 年，司马昭派遣钟会、邓艾、诸葛绪兵分三路攻打蜀国，其中邓艾率领的军队大破蜀军，直逼蜀国都城成都。蜀后主刘禅开城投降，历时四十三年的蜀汉政权宣告灭亡。司马昭灭蜀，打破了三国鼎立的局面。

## 成语游戏

### 情绪天地

填情绪词，组成语。

| | | | |
|---|---|---|---|
| 节○顺变 | 心○意乱 | ○不可支 | ○羞成○ |
| 眉开眼○ | 担○受○ | ○从中来 | ○○无常 |
| 有恃无○ | ○不自禁 | ○心如焚 | ○眉苦脸 |

## 地名挑战

下列成语均含有地名，在空格内把它们填写完整。

◇◇纸贵　　暗度◇◇　　乐不思◇

虎落◇◇　　得◇望◇　　◇◇学步

◇驴技穷　　◇◇生玉　　◇◇大道

## 成语接龙

试一试，完成下面的接龙游戏。

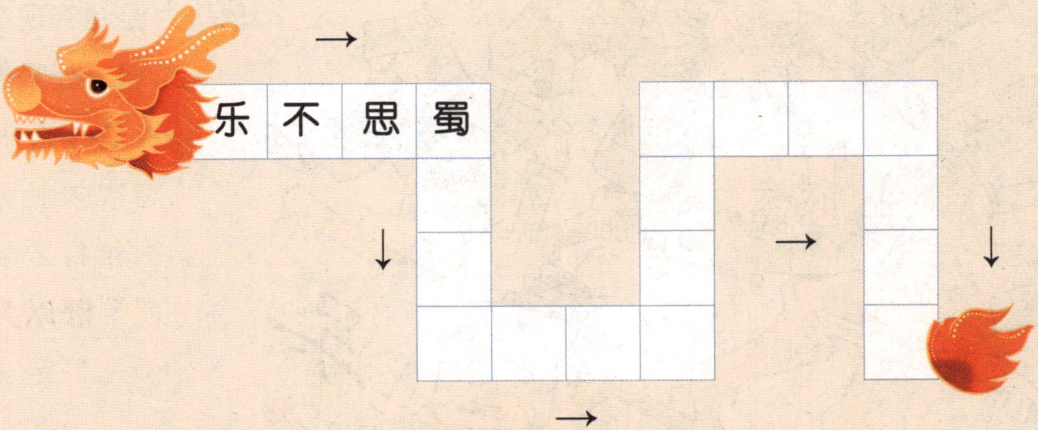

# 势如破竹

西晋初年，晋武帝想要出兵攻打吴国，实现统一全国的大业。他召来群臣，想听听大家的意见。大多数臣子都不支持，大将杜预却主张用兵，他认为要趁着现在吴国衰弱，赶紧出兵灭掉它，否则等到它实力壮大，就很难打败了。晋武帝**深以为然**，于是下定决心讨

**出处** 《晋书·杜预传》:“今兵威已振,譬(pì)如破竹,数节之后,皆迎刃而解。”

**释义** 势:气势,威力;破竹:劈竹子时劈(pī)开头上几节,就可顺着刀势直劈到底。形容像劈竹子一样。多指节节胜利,毫无阻碍或气势不可阻挡。

**近义词** 长驱直入 **反义词** 望风披靡

**造句** 我军势如破竹,一举突破了敌人的防线。

伐吴国。

公元 279 年,晋武帝调集二十多万兵马,命杜预、王濬(jùn)等大将分六路攻打吴国。晋军一路**长驱直入**,攻破了吴国许多城池。占领荆州以后,杜预率领大军向东进发,去攻打吴国都城建业。

当时正值大夏天,天气炎热,雨水丰沛,有人担心晋军**水土不服**,感染瘟疫,就提议等到冬天再发兵,这样打胜仗的把握也更大些。

杜预反对说:“战国时期燕国大将乐毅,接连攻克齐国七十多座城池。他之所以能够取胜,除了因为指挥得好,最重要的原因是士气旺盛。眼下我们的将士斗志高昂,这时候去进攻吴国,就好像用刀劈竹子一样,劈开了头上的几节后,剩下的顺着刀势就分开了,轻松无阻。”随后,杜预率领大军直逼吴国都城,很快就攻占了建业。吴国君主孙皓见大势已去,就向晋军投降,至此吴国灭亡。

## 知识小卡片

### 杜预

杜预（公元 222 ~ 285 年），字元凯，京兆杜陵（今陕西西安）人，魏晋时期著名政治家、军事家。他博览群书，在政治、经济、历法等方面多有著述，时人誉之为“杜武库”。他曾任镇南大将军、司隶校尉等职。他领导的灭吴之战，结束了东汉末年三国分裂割据的状态。

## 成语游戏

### 看图猜成语

观察下面的图画，猜对应的成语。

成语：

成语：

成语：

成语：

## “如”字成语

下列成语均包含“如”字，试着将它们补充完整吧。

| | | | |
|---|---|---|---|
| 度日如（ ） | 执法如（ ） | （ ）如反掌 | 一（ ）如洗 |
| 如（ ）大敌 | 如（ ）初醒 | 了如（ ）（ ） | 如火如（ ） |
| 暴跳如（ ） | 心细如（ ） | 相（ ）如宾 | 心如（ ）石 |

## 气势汹汹

下列成语都是形容气势浩大的，请你把它们填写完整吧。

| | | | |
|---|---|---|---|
| 千（ ）万（ ） | 气（ ）山河 | 摧（ ）拉（ ） | （ ）不可当 |
| 万马（ ）（ ） | 长（ ）直入 | 波澜（ ）（ ） | 所向无（ ） |
| （ ）（ ）荡荡 | 所向披（ ） | 无（ ）不（ ） | （ ）不可挡 |

# 闻鸡起舞

东晋初年，中原地区的大片土地都被外族侵占了。当时好多爱国志士心怀抱负，希望北伐中原，收复失地，祖逖就是其中有名的一个人物。

祖逖生性豁（huò）达，**博览**

**出处** 《晋书·祖逖（tì）传》："（逖）与司空刘琨（kūn）俱为司州主簿（bù），情好绸缪（móu），共被同寝，中夜闻荒鸡鸣，蹴（cù）琨觉曰：'此非恶声也。'因起舞。"

**释义** 听到鸡叫就起来舞剑练武。形容有志之士及时奋发努力。

**近义词** 发愤图强　**反义词** 苟且偷安

**造句** 他有闻鸡起舞的精神，所以进步很快。

**群书**，见过他的人都说，他有辅佐帝王的才能，将来必是国家的栋梁。

祖逖曾和好友刘琨一起担任司州主簿。他们俩的感情十分要好，常常共被而眠。

一天半夜，两个人睡得正香，忽然外面传来一阵公鸡的啼叫声，把祖逖惊醒了。祖逖连忙踢醒身旁的刘琨，问他有没有听见鸡叫声。刘琨认真听了听，然后说道："听见了。可是半夜的鸡叫不是好声音呀，这是天下大乱的征兆。"祖逖说："人们都认为半夜听到鸡叫声不吉利，但我并不这么想。咱们以后每天听到鸡叫声，就起床去练剑怎么样？"刘琨欣然答应了。

从此以后，他们俩一听到鸡叫声，就起床去练剑，不管春夏秋冬，从来没有间断过。就这样，经过长期的刻苦训练，他们最后都成了**文武全才**。后来，祖逖做了大将军，刘琨做了都督，两人都尽自己所能，为报效国家贡献了自己的力量。

## 知识小卡片

### 中流击楫（jǐ）

祖逖是晋代著名的军事家、民族英雄，他一直以北伐为己任。朝廷曾任命他为奋威将军，让他率军北伐。当他横渡长江，船行进到江心的时候，他望着滚滚江水，想起山河破碎、百姓流离失所，感慨万千，便拿着船桨拍打船舷，发誓说："若不能收复失地，我祖逖就像这江水一样有去无回！"

## 成语游戏

### 猜谜语

将下列成语的缺字补充完整，连起来读一读，看看说的是哪个动物。

| | | | |
|---|---|---|---|
| ____针引线 | 流光溢____ | ____冠楚楚 | 不共____天 |
| ____光满面 | 好戴高____ | ____苦不迭 | ____箭双雕 |
| 不____不响 | 大庭广____ | 仁____志士 | 大梦初____ |

谜底：________________

## 纠错小卫士

下面的这些广告语都存在滥用成语的现象，请你充当纠错小卫士，将错别字挑出来，然后进行改正吧！

01 网吧广告：一网情深

02 钢琴广告：琴有独钟

03 蛋糕店广告：步步糕升

04 跳舞机广告：闻机起舞

05 礼品店广告：礼所当然

## 成语归归类

将方框内的成语按要求分成两类，快来试试吧。

| | | | |
|---|---|---|---|
| 埋头苦干 | 游手好闲 | 闻鸡起舞 | 孜孜不倦 |
| 坐享其成 | 好逸恶劳 | 悬梁刺股 | 坐吃山空 |

A. 形容勤奋的成语：________________

B. 形容懒惰的成语：________________

# 东山再起

谢安是东晋孝武帝时期的大臣。他出身士族大家，性情娴雅，**才华出众**，在当时很有名气。

谢安年轻的时候喜欢**游山玩水**，不愿在朝廷为官。有一次，朝廷想让他担任佐著作郎（协助编修史书的官员）一职，他借口拒绝了。没多久，他寄居到会稽，整天跟朋友饮酒作诗，打猎捕鱼，过得好不快活。

当时的扬州刺史庾（yú）冰仰慕谢安的才华，屡次请他去做官，谢安实在推托不了，只得勉强上任。不过，他只做了一个多月，就告假回家了。之后，朝廷多次请他为官，他都没有答应，并且在会稽的东山隐居起来。

后来，征西大将军桓温请谢安做司马，谢安这才出山，此时他已经四十多岁了。在谢安即将赴任的时候，朝中官员都来为他送行，其中有一个官员跟他开玩笑说："你多次违抗朝

**出处** 《晋书·谢安传》："卿累违朝旨，高卧东山，诸人每相与言，安石不肯出，将如苍生何？苍生今亦将如卿何？"

**释义** 比喻隐退后再出来任要职。也比喻失势后重新得势。

**近义词** 重整旗鼓 **反义词** 一蹶不振

**造句** 你虽然失败了，但我相信你会有东山再起的那一天。

廷命令，高卧东山，大家都议论说，你不出来做官，叫老百姓怎么办？现在你终于出来啦！"谢安后来官至宰相，竭力辅政，为东晋政局的稳定做出了杰出贡献。

因为谢安长期隐居在东山，所以人们就把他重新出来做官**建功立业**的事称为"东山再起"。

## 知识小卡片

### 谢安泛舟

谢安向来以从容闻名于世。他在东山隐居时，有一回和王羲之等好友坐船去海上玩。突然海上刮起狂风，浪涛汹涌，王羲之等人都吓得面容失色，谢安却精神振奋，兴致高昂。船夫见谢安神态安闲，就继续向前划去。不久，风浪变大，大家叫嚷起来，谢安慢悠悠地说：“咱们是要回去吗？”大家立刻点头，于是船夫就把船开回去了。

## 成语游戏

### 方位词填成语

在空格内填入表示方位的字，组成成语。

（　）若无人　　绵（　）藏针　　（　）门（　）道　　声泪俱（　）

（　）拼（　）凑　　走（　）闯（　）　　驰名（　）（　）　　名列（　）茅

寄人篱（　）　　后来居（　）　　空（　）绝（　）　　（　）忧（　）患

## 壮丽山脉

将下列每组成语的缺字补充完整，看看可以组成哪些著名山脉。

01 （　）道吉日　依（　）傍水

02 来日方（　）　真相大（　）　崇（　）峻岭

03 权（　）利弊　满（　）遍野

04 义薄云（　）　一（　）擎天　开（　）之祖

## 填成语，猜省市

下面每组成语空缺的字可以组成我国的省市名，快来填一填吧。

兵多将（　）　（　）山再起　不知所（　）　（　）征北讨

妙手丹（　）　（　）啸山崩　由小见（　）　（　）绵不绝

兼容并（　）　（　）眼花　悲欢离（　）　（　）头大耳

# 草木皆兵

西晋末年政治腐败，北方的一些少数民族纷纷脱离晋朝的统治，建立自己的政权，中国历史进入“五胡十六国”时期。

在这些小国家中，实力最强的要数氐（dī）族建立的秦国，历史上称为前秦。它本来只占据陕西一带，后来渐渐扩张，几乎占领了北方大部分地区。当时的晋朝，偏安东南，称为东晋。

公元 383 年，前秦皇帝苻坚亲率九十万大军南下攻晋，企图一举消灭东晋，统一全国。他们分三路进军，一路上**人喊马嘶**、旌旗遮天，队伍**浩浩荡荡**绵延几百里长。

孝武帝司马曜（yào）听说前秦出兵的消息后慌作一团，急忙召集群臣商议对策。宰相谢安举荐自己的侄子谢玄北上抗敌，于是孝武帝命谢玄为前锋都督，率领八万精兵前去迎战。

战争刚开始的时候，谢玄趁秦军各路兵马尚未聚齐之机，对秦军发动突然袭击，重挫秦军先头部队。随后，谢玄领兵直抵淝（féi）水东岸，驻扎在八公山下，与秦军隔岸对峙。

**出处** 《晋书·苻（fú）坚载记下》：“坚与苻融登城而望王师，见部阵齐整，将士精锐；又北望八公山上草木皆类人形，顾谓融曰：‘此亦勍（qíng）敌也，何谓少乎？’怃（wǔ）然有惧色。”

**释义** 把草丛和树木都误当作敌方的伏兵。形容内心极度恐惧，疑神疑鬼。

**近义词** 杯弓蛇影、风声鹤唳 **反义词** 泰然自若

**造句** 小偷作案后草木皆兵，生怕被警察给逮住了。

苻坚听闻战况后，**大惊失色**，慌忙和弟弟苻融登上城楼，查看晋军的动静。只见晋军阵容严整，十分威武；又向北面的八公山望去，见山上草木随风摇动，不知道隐藏着多少晋兵。其实，八公山上并没有晋兵，不过是苻坚心虚眼花，错把山上的草木都看作是晋兵罢了。随着一阵呼啸而过，山上草木纷纷晃动着，看起来就像无数士兵在运动。苻坚吓得面如土色，转过头来惊恐地对弟弟说：“对手很强大呀，怎么能说他们软弱呢？”

不久，晋军设计渡过河水，击溃了秦军。苻融阵亡，苻坚率领残兵向北逃窜。路上听到刮风的声音和鹤的鸣叫声，也以为是晋军追过来了，于是日夜奔逃。风餐露宿加上**饥寒交迫**，最后回到北方时，秦军只剩下十几万人了。

这就是历史上有名的“淝水之战”。

## 知识小卡片

### 谢玄功败垂成

谢玄在淝水击败前秦皇帝苻坚后，乘胜追击，收复了北方大部分失地。就在北方即将统一的时候，孝武帝却听信谗言让谢玄收兵。眼看统一大业功亏一篑（kuì），谢玄忧愤交集，最终患病身亡。后人感慨他是功败垂成。

## 成语游戏

### 美丽植物

结合下面的图像，在空格内填入正确的字，使每一行组成一个成语。

第一行：____________

第二行：____________

第三行：____________

第四行：____________

## 比大小

将下面的成语补齐，看看每组所填汉字代表的事物谁大谁小。

（提示：在横线处画“>”“<”或“=”。）

| | | |
|---|---|---|
| 草____皆兵 | | 枯枝败____ |
| ____头小利 | | 笨____先飞 |
| 落井下____ | | 飞沙走____ |
| 鼠目____光 | | 光焰万____ |
| 铁杵磨____ | | 当头一____ |

## 猜灯谜

仔细看看下面的灯谜，将灯笼里的谜面匹配正确的成语，用线连起来。

脱粒机　农产品　绿将军　留长发　旅行家

草木皆兵　吞吞吐吐

置之不理　随遇而安　土生土长

# 宁为玉碎，不为瓦全

公元550年，北朝东魏的孝静帝被迫把皇位禅让给**专横跋**（bá）**扈**（hù）的丞相高洋。自此，北齐取代了东魏。高洋为人**心狠手辣**，为了坐稳皇位，第二年就杀害了孝静帝和他的三个儿子。

高洋称帝后的第十个年头，有一天发生了日食。他认为这是不祥的兆头，恐怕自己篡夺的皇位即将不保了。于是他叫来一个心腹，询问说："西汉末年王莽夺取了刘家的江山，为什么后来光武帝刘秀又把江山夺回去了？"心腹也不知道其中的缘故，就随口说道："陛下，这都怪王莽自己。因为他

**出处** 《北齐书·元景安传》："大丈夫宁可玉碎，不能瓦全。"

**释义** 宁愿做玉器被砸碎，不愿做瓦器而得以保全。比喻宁愿为正义事业牺牲，决不愿苟全性命。

**近义词** 宁死不屈 **反义词** 苟且偷生

**造句** 宁为玉碎，不为瓦全，战士们誓死也不向敌人屈服。

没有**斩草除根**，将刘氏宗室人员杀干净。"

高洋竟然信以为真，将东魏宗室近亲七百多人全部处死，就连婴儿也没有放过。

高洋的残忍行径让东魏宗室的远房宗族都很害怕，唯恐哪一天自己也会被杀掉，于是他们急忙聚集起来商议对策。有个叫元景安的县令说，目前只有一个法子可以保全性命，就是脱离元氏，改姓高氏。

元景安的堂兄景皓一听这个建议，顿时气得**浑身发抖**，他严厉地反对说："怎么能用抛弃本宗，改为他姓的办法来保命呢？大丈夫宁愿做玉器被砸碎，也不能做瓦器得保全。我宁愿为气节而死，也不愿苟活于世！"

后来，元景安为了活命，偷偷地把元景皓的话报告给了高洋，元景皓很快就被处死了。元景安因告密有功，被高洋赐予高姓，还提升了官职。

但是，残酷的杀戮（lù）并不能巩固北齐的统治。三个月后，高洋因病去世。十八年后，北齐王朝也宣告灭亡。

## 知识小卡片

### 高洋

高洋（公元 529 ~ 559 年），字子进，东魏宰相高欢的二儿子。他在位初期励精图治，重用贤才，并注重开疆拓土，使北齐成为南北朝时期实力最强的国家。他统治后期，因功业生出骄矜（jīn）之心，政治上暴虐无道，生活上荒淫腐朽，最终因好酒导致身体虚亏，年仅三十一岁就暴病而亡。

## 成语游戏

### 成语寻宝

金、银、珠、玉……成语中有许多“珍宝”，快来开启寻“宝”之旅吧。

（ ）璧辉煌　　掌上明（ ）　　锦衣（ ）食　　（ ）装素裹

白（ ）无瑕　　拾（ ）不昧　　固若（ ）汤　　美如冠（ ）

（ ）光宝气　　（ ）（ ）良缘　　中西合（ ）　　（ ）圆（ ）润

## 高风亮节

下列都是描写高尚节操的成语，将它们补充完整吧。

大义（ ）然　誓（ ）不屈　坚（ ）不渝　守身如（ ）

威武不（ ）　出（ ）不染　（ ）清（ ）洁　不为五斗米折（ ）

## 不同读音

下列加点的字在不同的成语中，读音不同。开动脑筋，为它们标出正确的读音吧。

A. 宁为玉碎，不为瓦全（ ）　鸡犬不宁（ ）

B. 满载而归（ ）　千载难逢（ ）

C. 间不容发（ ）　亲密无间（ ）

D. 一脉相承（ ）　含情脉脉（ ）

# 一箭双雕

南北朝时期，北周有个武将名叫长孙晟。他机灵聪慧，**武艺超群**，十八般兵器样样精通，尤其是射箭的本领，简直无人能敌。

有一天，北周皇帝派长孙晟率领一批将士护送公主去突厥（jué）和亲。

**出处** 《北史·长孙晟（shèng）传》："尝有二雕飞而争肉，因以箭两只与晟，请射取之。晟驰往，遇雕相攫（jué），遂一发双贯焉。"

**释义** 雕：一种凶猛的大鸟。发一箭而同时射中两只雕。形容射箭技术高超。也比喻做一件事达到两个目的。

**近义词** 一石二鸟　**反义词** 鸡飞蛋打

**造句** 这次旅游不仅让我观赏了美景，还让我增长了见识，真是一箭双雕。

历经**千辛万苦**，一行人终于来到了突厥。突厥王摄图十分高兴，下令摆下酒宴，招待长孙晟。

酒过三巡，摄图提出比武助兴。他命人拿来一张弓，递给长孙晟，让他射百步以外的铜钱。长孙晟将弓拉成弯月状，只听"嗖"的一声，箭射进了铜钱的方孔。大家见了**拍手叫好**。

摄图对长孙晟十分敬重，舍不得让他离开，便留他在突厥住了一年，并常常约他一起出游。

有一次，他们俩正在打猎，摄图突然抬起头，看到天上有两只雕在争肉吃，于是马上取出两支箭递给长孙晟，让他把雕射下来。长孙晟接过箭，飞驰而去，正好遇到双雕相夺，于是一箭把它们射了下来。摄图大喜，对长孙晟更为敬佩了。

## 知识小卡片

### 突厥

突厥是我国古代生活在西北和北方草原地区的游牧民族，崛起于南北朝时期。突厥擅长骑射，实力强盛，曾长时间与中原王朝对峙，对东魏、西魏、北齐、北周等政权造成极大威胁。隋朝时，突厥分裂成东、西两部。唐朝时，先后灭亡东、西突厥。

## 成语游戏

### 趣味吉尼斯

成语中也有“世界之最”，请根据左侧的提示，猜出对应的成语。

最好的箭术………

最厉害的贼………

最快的阅读………

最难过的日子………

最大的被子…………

最难做的饭…………

## 行业高手

在一次聚会上，行业内的高手基本都来了，下面是其中四个有代表性的人物，请把他们和有关的成语连起来。

绕梁三日

药到病除

百步穿杨

目无全牛

## 看图连成语

看下面的图，将其与对应的成语连起来。

草船借箭

一箭双雕

狐假虎威

# 房谋杜断

唐太宗李世民时期有两个著名的臣子，一个是尚书左仆射房玄龄，一个是尚书右仆射杜如晦。

两人在唐太宗即位以前，就是唐太宗的心腹，为其出谋划策。等到唐太宗做了皇帝以后，他们俩被任命为宰相。当时国家刚刚安定下来，朝廷的各项制度和国家的各项法律都是他们俩商量着制定的，所以人们把他们俩并称为“房杜”。

据史书描述，房玄龄善于出谋划策，唐太宗每次与房玄龄商议国事的时候，房玄龄往往能够提出好的建议和具体的办法，不足的是，总是不能下决断。每当这个时候，唐太宗就会说：“要是杜如晦过来就好啦。他不来的话，就没办法筹划这件事。”于是，唐太宗又会把杜如晦叫过来。而杜如晦来了以后，稍稍分析一下问题，最终都会肯定房玄龄的建议和办法。

他们二人相互了解对方的长处，**同心同德**，一起辅佐唐太宗治理天下，配合得十分融洽，

**出处** 《新唐书·杜如晦（huì）传》："如晦长于断，而玄龄善谋，两人深相知，故能同心济谋，以佐佑帝。"

**释义** 唐太宗时，宰相房玄龄和杜如晦共掌朝政，房氏多谋略，杜氏善决断，同心辅佐太宗。比喻互相配合，取长补短。

**近义词** 天作之合 **反义词** 无

**造句** 这兄弟俩一个擅长出主意，一个擅长做决定，可谓是"房谋杜断"。

最终缔造了"贞观之治"的盛世。当时的人们只要提起忠臣良相，必定称赞他们。

## 知识小卡片

### 唐太宗

唐太宗李世民是唐朝的第二位皇帝，他是历史上有名的明君。唐太宗在位时，励精图治，虚心纳谏，使社会上出现了政治清明、经济复苏、文化繁荣的治世局面，史称“贞观之治”。唐太宗十分重视各民族之间的关系，实行较为开明的民族政策，被少数民族拥戴为“天可汗”。

## 成语游戏

### 旅游景点

下面的成语中藏着旅游景点，补充成语，看看都有哪些名胜吧！

01 房谋杜（ ）　船到（ ）头自然直

02 扬（ ）而去　胸无（ ）府

03 无缘无（ ）　三（ ）六院

04 绚（ ）多彩　大（ ）东去

05 自作主（ ）　无（ ）可归　大千世（ ）

## 姓氏组成语

在空格内填入姓氏，组成成语，快来挑战吧。

新（　）代谢　　目无（　）法　　无（　）不入　　治国（　）家

关门大（　）　　缓兵之（　）　　（　）衷一是　　各有千（　）

一反（　）态　　人（　）兴旺　　（　）水猛兽　　（　）师回朝

## 词语变身

下面的词语增加成分后可以变身为成语，请把成语的缺字填写完整吧。

谋断→（　）谋（　）断　　随机→随机（　）（　）

情谊→（　）情（　）谊　　面目→面目（　）（　）

形状→（　）形（　）状　　价值→价值（　）（　）

# 兼听则明，偏信则暗

唐太宗时期，宰相魏徵因敢于直谏而闻名。不管什么时候、什么场合，只要唐太宗的行为有不妥之处，魏徵都会**毫不迟疑**地指出来，并劝唐太宗改正，即使唐太宗勃然大怒，他也不害怕。唐太宗因此对魏徵又是赏识又是敬畏。

有一天，唐太宗问魏徵：“作为国君，怎么做才能**明辨是非**，

**出处** 《资治通鉴·唐太宗贞观二年》:"上问魏徵(zhēng)曰:'人主何为而明,何为而暗?'对曰:'兼听则明,偏信则暗。'"

**释义** 兼听:听取多方面的意见;偏信:听了一方面的话就相信。听取各方面的意见,就能把事情或道理弄明白;偏听偏信,就弄不清事物的真相。

**近义词** 无　　**反义词** 无

**造句** "兼听则明,偏信则暗",我们要时刻牢记这一名言,做一个头脑清醒的人。

而不昏庸糊涂呢?"

魏徵回答:"作为国君,能够广泛地听取意见,就可以把道理弄明白,并采纳正确的建议;如果只听信**一面之词**,就看不清事物的真相,往往会做出错误的判断。"

随后,魏徵向唐太宗讲述了历史上许多君王**偏听偏信**酿成恶果的事例。唐太宗听后,深表认同。从此,唐太宗都特别注意听取大臣们的意见,并鼓励大家直言进谏。

魏徵病逝后,唐太宗伤心地说:"用铜做镜子,可以看到衣帽穿戴得是否整齐;用历史做镜子,可以知晓国家兴亡的原因;用人做镜子,可以清楚地看到自己的得失。现在魏徵不在了,我失去了一面珍贵的镜子啊!"

## 知识小卡片

### 魏徵

魏徵（公元580～643年），字玄成，巨鹿人，是我国历史上最负盛名的谏臣。据史书记载，他任职期间，先后向唐太宗进谏了两百多次。魏徵辅佐唐太宗开创了“贞观之治”，被后人誉为“一代名相”。

## 成语游戏

### 针锋相对

在空格内填入意思相对的字组成词语，然后再组成成语，快来挑战吧！

有□→[ ]

□近→[ ]

长□→[ ]

强□→[ ]

往□→[ ]

宠□→[ ]

□幼→[ ]

□败→[ ]

## 对偶成语

在方框内填入对偶句，组成成语。

| | |
|---|---|
| 兼听则明，＿＿＿＿ | 知人者智，＿＿＿＿ |
| ＿＿＿＿，水来土掩 | ＿＿＿＿，庶民同罪 |
| 行不更名，＿＿＿＿ | ＿＿＿＿，一分收获 |
| 比上不足，＿＿＿＿ | 只见树木，＿＿＿＿ |
| ＿＿＿＿，败兴而归 | 一波未平，＿＿＿＿ |

## 耳听八方

下面都是含有“听”字的成语，将它们和对应的意思连起来吧。

| | |
|---|---|
| ①骇人听闻 | a. 没有根据的传闻 |
| ②洗耳恭听 | b. 不管事态的发展 |
| ③听之任之 | c. 使人听了很吃惊 |
| ④道听途说 | d. 用假象蒙蔽别人 |
| ⑤悉听尊便 | e. 恭敬地听别人说 |
| ⑥混淆视听 | f. 什么都听对方的 |

# 请君入瓮

唐朝女皇武则天，为了镇压异己，维护自己的统治，任用了一大批酷吏。其中有两个最为狠毒，一个叫周兴，一个叫来俊臣。他们俩审讯犯人的手段极其残忍，尤其是周兴，他发明了许多骇（hài）人听闻的严酷刑罚，并常常跟别人炫耀自己的“成果”。

有一天，武则天接到一封告密信，内容竟是告发周兴与人密谋造反。武则天震怒不已，就让来俊臣负责调查这件事。

来俊臣接到任务以后，有些发愁，心想：“周兴是个**阴险狡诈**的人，而且熟悉各种刑讯手段，只凭一封告密信，恐怕无法让他招供。可若是查不出结果，我要怎么交差呢?”思来想去，总算想出一条计策。

他在家里备下一桌丰盛的酒席，把周兴请了过来。酒过三巡，来俊臣叹了口气，皱着眉头说：“我最近抓了一批犯人，可他们硬是不认罪，周兄可有什么好办法，让这些人招供?”

**出处** 《资治通鉴·唐则天后天授二年》："或告文昌右丞周兴与丘神勣（jì）通谋，太后命来俊臣鞫（jū）之。俊臣与兴方推事对食，谓兴曰：'囚多不承，当为何法？'兴曰：'此甚易耳！取大瓮（wèng），以炭四周炙（zhì）之，令囚入中，何事不承？'俊臣乃索大瓮，火围如兴法，因起谓兴曰：'有内状推兄，请兄入此瓮。'兴惶恐，叩头伏罪。"

**释义** 瓮：坛子。比喻用某人整治别人的办法来整治他自己。

**近义词** 以毒攻毒 **反义词** 与人为善

**造句** 他居心不良想整治咱们，不妨以其人之道，还治其身，给他来个请君入瓮。

周兴得意地说："这还不容易！你让人搬来一个大瓮，在周围燃起炭火，把瓮烤热了。谁要是不招认，就把他放进瓮里。"

来俊臣听了连连点头，马上命人抬来一个大瓮，按照周兴说的那样，将瓮烤热，然后站起来，沉着脸对周兴说："有人状告周兄谋反，陛下命我审查。现在，就请周兄入瓮吧。"

周兴一听，顿时吓得**魂飞天外**，扑通一声跪倒在地，磕头求饶，表示认罪。

## 知识小卡片

### 武则天

武则天是我国历史上唯一的正统女皇帝。她是唐高宗李治的皇后。唐高宗因身体状况不佳，便允许武则天参与朝政。后来唐高宗病逝，武则天逐渐掌握大权，并登基为帝，改国号为周。她在位期间，知人善任，发展生产，完善科举制度，为唐朝走向盛世打下了基础。不过，在她统治晚期，大兴告密之风，重用酷吏，制造了许多冤假错案。

## 成语游戏

### 关键词猜成语

根据左侧的提示语，写出相应的成语。

01 周兴　大瓮　炭火 ______________

02 荆轲　地图　匕首 ______________

03 凿洞　烛光　读书 ______________

04 许由　河边　洗耳 ______________

## 成语出处

读一读下列的成语，猜猜它们所对应的出处。

| | |
|---|---|
| 请君入瓮 | 《资治通鉴》 |
| 势如破竹 | 《丽人行》 |
| 炙手可热 | 《晋书 · 杜预传》 |
| 黄袍加身 | 《宋史·石守信传》 |

## “出”“入”填成语

在下列成语中填上“出”或“入”，组成成语。

夺眶而（　）　过门不（　）　丝丝（　）扣　（　）言不逊

脱颖而（　）　引蛇（　）洞　（　）情（　）理　病从口（　）

（　）口伤人　足不（　）户　想（　）非非　深（　）浅（　）

# 口蜜腹剑

唐玄宗晚年的时候，任用奸臣李林甫做丞相。

李林甫**嫉贤妒能**，为人阴险狡诈。在唐玄宗面前，他总是**花言巧语**地说些奉承话，而对于其他大臣，凡是能力比他强的，他都想方设法加以排挤。

当时，有一个官员叫严挺之，生性刚直，向来看不惯李林甫。一次，玄宗想提升严挺之的官职，李林甫知道后，就在玄宗面前诋（dǐ）毁他，最后使他被贬（biǎn）出了京城。

有一次，唐玄宗想起了严挺之，便问李林甫："严挺之现在怎么样了？他挺有才华的，我打算重用他。"

李林甫一听，立刻说道："臣马上去打听一下。"李林甫找到严挺之的弟弟，对他说："皇上惦念你哥哥，你赶紧让你哥哥写一道奏章，说自己得了重病，请求皇上恩准他回京看病。"

严挺之的弟弟不知是计，于是给哥哥写了一封信，说明情况。严挺之照办了。

李林甫拿着奏章去见唐玄宗，说："严挺之年事已高，如今又得了重病，看来干不成大

**出处** 《资治通鉴·唐玄宗天宝元年》："李林甫为相……尤忌文学之士，或阳与之善，啖(dàn)以甘言而阴陷之。世谓李林甫口有蜜，腹有剑。"

**释义** 形容嘴甜心狠，狡诈阴险。

**近义词** 笑里藏刀 **反义词** 心口如一

**造句** 他是个口蜜腹剑的人，接近你肯定别有居心。

事了。"唐玄宗心中惋惜，却只能作罢。

后来，李林甫的伪善终于被人们识破了。人们都说他是嘴上涂蜜，肚子里却藏着一把剑。

## 知识小卡片

### 唐玄宗

唐玄宗李隆基是武则天的孙子，唐朝在位时间最长的一位皇帝。他统治前期选贤任能，励精图治，锐意改革，使社会经济得到了极大的发展，唐朝进入全盛时期，史称“开元盛世”。但后来随着唐玄宗“腐化堕落”，唐朝陷入了动乱，国力开始由盛转衰。

## 成语游戏

### 表情符号猜成语

观察左侧的表情符号，写出对应的成语。

成语：

成语：

## 成语不离“口”

根据提示，将带有“口”字的成语填写完整。

1. 不加思索，随口说出 → （ ）口而出
2. 嘴上甜蜜，心里狠毒 → 口（ ）腹（ ）
3. 耐心诚恳地再三劝告 → （ ）口（ ）心
4. 随口乱说 → 信口开（ ）
5. 用恶语骂人 → （ ）口大骂
6. 大伙儿都说好 → 有口皆（ ）

## 纠正广告词

现在有许多滥用成语的广告，请标出下面成语中的错字，把正确的字写在后面的方框里。

| | |
|---|---|
| 去污剂广告词：净如人意 | |
| 电熨斗广告词：百衣百顺 | |
| 饮料广告词：饮以为荣 | |
| 牙膏广告词：牙口无炎 | |
| 口服液广告词：口蜜腹健 | |
| 空调广告词：终生无汗 | |

# 炙手可热

唐玄宗统治后期宠信奸臣，政治开始变得腐败。天宝四载（公元745年），他封杨玉环为贵妃，整日沉迷于声色，荒淫无度，不理朝政。

杨贵妃有个堂兄叫杨钊。因为杨贵妃受宠，他的官位也直线上升，

**出处** 唐 · 杜甫《丽人行》:“炙手可热势绝伦，慎莫近前丞相嗔(chēn)。”

**释义** 炙：烤。手一挨近就觉得热得烫人。比喻权势大，气焰盛。

**近义词** 气焰熏天 **反义词** 无足轻重

**造句** 他是个炙手可热的人物，很多人都巴结他。

官至御史一职，唐玄宗还给他赐了个新名字——杨国忠。李林甫去世以后，唐玄宗又让杨国忠接任丞相的职位，并将一切政事交给他处理。

一时间，杨家兄妹权势滔天。他们在政治上**结党营私**，弄得整个朝廷**乌烟瘴**(zhàng)**气**，以致不久之后爆发了“安史之乱”。他们在生活上大肆铺张，**穷奢极侈**，整天**花天酒地**，不管百姓的死活。

公元 753 年的一天，杨家兄妹到曲江江边游春野宴，场面极为奢华，在当时引起很大轰动。诗人杜甫听说这件事后，满怀愤慨，挥笔写下《丽人行》一诗，深刻讽刺了杨家兄妹**骄奢淫逸**的生活和狂妄嚣张的气焰。诗中有“**炙手可热**势绝伦”句，意思是说杨家**位高权重**，势焰灼人，无人能与之相比，“炙手可热”这一成语就是由此而来。

## 知识小卡片

### 安史之乱

唐玄宗统治后期政治败坏，各种社会矛盾暴露出来，终于酿成了“安史之乱”。公元 755 年，将领安禄山和史思明以讨伐杨国忠为借口，起兵反叛。叛军很快就攻克了长安，唐玄宗带着杨贵妃等人出逃，途中随行将士杀死杨国忠，并逼迫唐玄宗赐死杨贵妃。这场战乱持续了八年之久，对社会造成巨大破坏，使唐朝国力锐减。

## 成语游戏

### 成语里的冷和热

用“冷”“热”二字，将下面的成语填写完整。

____嘲____讽　　____火朝天　　趁____打铁　　残羹____饭

忽____忽____　　____气腾腾　　____暖自知　　____闹非凡

人情____　　头疼脑____　　知____知____　　一腔____血

## 挑错字

下列成语中均有一个错别字，请你圈出来，并把正确的字填写在后面的空格中。

| | |
|---|---|
| 灸手可热 | 苍海桑田 |
| 礼上往来 | 弱不经风 |
| 水乳交溶 | 水泻不通 |
| 自立更生 | 常年累月 |

## 与众不同

下列成语中，有一个成语跟其他成语含义不同，把它找出来吧。

一手遮天　作威作福　人微言轻　势倾朝野

不同的成语

说说理由

# 驷马难追

五代时期，石敬瑭（táng）在晋阳（今山西太原南）起兵反唐。他自知实力不足，于是向北方的辽国求助，许诺把幽云十六州割让给辽国，每年向其进贡大批财物。他还表示，将向辽国国主耶律德光称臣，并认耶律德光为父。耶律德光十分高兴，便亲自率军去援救石敬瑭，最后大败唐兵，消灭了后唐。耶律德光册立石敬瑭为皇帝，国号为晋，史称后晋，石敬瑭就是晋高祖，后世称他为“儿皇帝”。

公元 942 年，“儿皇帝”石敬瑭病逝，他的养子石重贵继承了皇位，史称晋出帝。石重贵不善治理国家，过着**醉生梦死**的生活，他在位时还爆发了严重的旱灾和蝗灾，导致**民不聊生**，民怨沸腾。皇太后李氏多次训诫他，他都听不进去。石重贵

**出处** 《新五代史 · 晋高祖皇后李氏传》："不幸先帝厌代，嗣（sì）子承祧（tiāo），不能继好息民，而反亏恩辜义、兵戈屡动，驷（sì）马难追，戚实自贻（yí），咎将谁执！"

**释义** 即"一言既出，驷马难追"。比喻已说的话，难于收回；既成的事实，不能挽回。

**近义词** 一言为定 **反义词** 言而无信

**造句** 一言既出，驷马难追，你说话可得算数。

还屡次挑衅辽国，与辽国的关系降至冰点。

公元 944 年，辽国发兵攻打后晋，石重贵率军抵御，同时写信给耶律德光，请求重修旧好，但被耶律德光拒绝。双方多次交战，晋军**节节败退**。后来，耶律德光派兵攻入后晋都城，京城陷入一片混乱。

石重贵急忙召来学士范质，吩咐他为自己起草降表，以归顺辽国。范质草写了一封降表，石重贵自称"孙臣"，称耶律德光为"翁皇帝"，向辽国低头认罪。

范质又为太后草写了一封降表，自称"晋室皇太后新妇李氏妾"，上表说："先帝当年危难之时，皇帝阿翁亲自领兵作战，救了石氏，立下我晋朝江山。后来先帝不幸薨（hōng）逝，嗣子继位，未能治国安民，还忘却了翁皇帝以往的恩德，一再同贵国交战。过去的事已经发生，不能挽回。现在承蒙翁皇帝的抚慰，对我们有再生之恩，所以上表请罪。"

耶律德光浏览了降表内容后，表示愿意放他们母子一条生路，于是废石重贵为光禄大夫，封为"负义侯"，把他们赶出皇宫，遣送到黄龙府去了。至此，存在了十一年的后晋灭亡。

## 知识小卡片

### 五代

五代是指唐朝灭亡后依次在中原地区建立的五个政权，包括后梁、后唐、后晋、后汉和后周。公元 907 年，朱温接受唐哀帝禅让而称帝，标志着五代时期的开始。公元 960 年，赵匡胤取代后周而称帝，标志着五代的终结。

## 成语游戏

### 世界之最

成语中也有“世界之最”，你能根据下面的提示，猜出对应的成语吗？

| | | | |
|---|---|---|---|
| 最快的话 | | 最深的缘分 | |
| 最高的瀑布 | | 最大的变化 | |
| 最大的容量 | | 最坚固的建筑 | |

## 寻找近义词

为左侧成语寻找近义词，快来连一连吧。

| | |
|---|---|
| 平易近人 | 一言九鼎 |
| 大同小异 | 和颜悦色 |
| 指手画脚 | 相差无几 |
| 驷马难追 | 震耳欲聋 |
| 人声鼎沸 | 品头论足 |

## 成语谜语

读一读，猜猜下列谜底。

| | |
|---|---|
| 驷马难追（打一字） | |
| 鸠占鹊巢（打一成语） | |
| 四通八达（打一成语） | |
| 一箭穿心（打一字） | |

# 黄袍加身

公元 959 年，后周的周世宗柴荣病逝，他七岁的儿子柴宗训继位。由于柴宗训年纪太小，一时间政局不稳，人心浮动。当时京城里到处传言，禁军首领赵匡胤将要夺取皇位。

赵匡胤本是周世宗手下的得力将领，跟随周世宗**东征西讨**，屡立战功。周世宗在世时，对赵匡胤非常信任，任命他做殿前都点检，统领禁军。周世宗一死，兵权就掌握在了赵匡胤手中。五代时期，武将谋权篡位的事**屡见不鲜**（xiān），所以，人们有这种猜测也就**不足为奇**。

**出处** 《宋史·石守信传》:“帝曰:‘人孰不欲富贵?一旦有黄袍加汝之身,虽欲不为,其可得乎?’”

**释义** 黄袍:古代帝王穿的服装。指发动政变谋夺皇位成功,被拥立称帝。

**近义词** 称王称霸 **反义词** 无

**造句** 在国家动荡不安的时候,他被部下黄袍加身,夺取了政权。

公元960年春天,赵匡胤在亲信赵普、石守信等人的策划下,让河北镇、定二州(今河北正定、定州)的官员谎报军情,说北汉国主和辽国联合起来攻打后周。辅政大臣范质不辨真伪,马上派赵匡胤带兵抵抗。赵匡胤立刻**调兵遣将**,率领大军北上。军队行进到陈桥驿时,天色已晚,赵匡胤便下令驻扎下来。当天夜里,赵匡胤的弟弟赵光义和亲信派人在将士中鼓动兵变,拥立赵匡胤做皇帝。

第二天一早,天刚蒙蒙亮,陈桥驿四周突然响起一片呼喊声。赵匡胤假装酒醉未醒。众将领手执刀枪拥入赵匡胤的卧室,高声叫嚷说:“诸将没有主子,愿意拥护点检做皇帝!”赵匡胤赶紧起床,还没来得及回答,众将就**一拥而上**,把准备好的黄袍披在他身上,然后一齐下拜,高呼“万岁”。接着,大家推拉着赵匡胤上马,一起回京了。

返回京师后,赵匡胤废了周恭帝柴宗训,登上皇位,建国号为宋,史称北宋。赵匡胤就是宋太祖。这次政变就是历史上有名的“陈桥兵变”。

## 知识小卡片

### 杯酒释兵权

赵匡胤建立北宋后，先后消灭当时的地方割据势力，基本统一了全国。为了巩固自己的统治，防止下属将领也“黄袍加身”，赵匡胤两次宴请当时的高级将领，以高官厚禄为条件，逼迫他们交出兵权。这就是有名的“杯酒释兵权”。

## 成语游戏

### 成语接龙

在下列空格处填入适当的字，使其完成成语接龙。

黄袍加（ ）经百（ ）（ ）纷飞（ ）横（ ）国（ ）民（ ）君（ ）举（ ）
动
水（ ）如（ ）当步（ ）（ ）荡

## 五颜六色

下列成语均含有颜色名，将它们补齐吧。

| | | | |
|---|---|---|---|
| | 日 | 做 | 梦 |
| 人 | 老 | 珠 | |
| | 灯 | 瞎 | 火 |
| 子 | 虚 | | 有 |
| 安 | 之 | 若 | |
| | 肥 | | 瘦 |
| 不 | | 之 | 冤 |
| 笔 | 酣 | | 饱 |
| | 气 | 东 | 来 |
| | 袍 | 加 | 身 |

# 尽忠报国

岳飞是南宋著名的爱国将领，他从小勤奋好学，练就了一身好武艺。

岳飞的青年时代，是在国家的**内忧外患**中度过的。当时，北方的金国常常攻打宋朝，侵占了中原大片领土，岳飞目睹了山河破碎、百姓**流离失所**的情形，十分愤慨，就决定去从军。临行前，他的母亲特意在他背上刻下“**尽忠报国**”四个大字，嘱咐他努力报效国家。就这样，岳飞投身到了抗金的战场。

岳飞在抗金战斗中**所向披靡**，立下了不少战功，他还组建了一支纪律严明、战斗力强大的抗金部队——岳家军。岳家军勇猛善战，多次打得金兵**落花流水**，让金兵**闻风丧胆**。有一回，岳家军和金国名将金兀（wù）术（zhú）率领的军队在牛头山交战。两军刚刚交锋，金军就被士气高涨的岳家军打得溃败，个个争相逃命。金兀术见状，哀叹说：“撼动大山容易，但撼动岳家军难啊！”

岳飞率领岳家军南征北战，收复了不少地盘，眼看就要收复中原时，皇帝赵构因为害怕岳飞打败金兵后，接回在“靖康之难”中被金国俘虏的先朝皇帝，而使自己的皇位不保，就

**出处** 《宋史·岳飞传》：“初命何铸鞫之，飞裂裳以背示铸，有‘尽忠报国’四大字，深入肤理。”

**释义** 尽忠：赤诚无私，竭诚尽力；报：回答。指竭尽忠心，报效国家。

**近义词** 为国捐躯　**反义词** 祸国殃民

**造句** 我长大后要像岳飞一样尽忠报国。

连发十二道金牌，将岳飞调离了战场。

后来，秦桧（huì）诬陷岳飞谋反，将他关入监狱，并命主审官何铸负责审讯。岳飞非常气愤，便撕裂了衣裳露出脊背给何铸看，只见他的背上刺着“尽忠报国”四个大字，这几个字已经深入肌肤。何铸深为感动，他发现岳飞是被冤枉的，就向秦桧报告了此事。秦桧改命万俟（Mòqí）卨（xiè）审讯岳飞，最终将岳飞定为死罪，在狱中将他杀害了。

## 知识小卡片

### 靖康之难

公元 1127 年，金军南下攻宋，攻破了北宋都城东京（今河南开封），掳走了宋徽宗赵佶(jí)、宋钦宗赵桓，以及大量皇室成员、朝臣等三千多人，东京城内的公私财物也基本被抢劫一空，因为这一年是靖康元年，所以史称“靖康之难”。这次事件标志着北宋的灭亡。不久，宋钦宗的弟弟赵构登基为帝，建都临安（今浙江杭州），史称南宋。

## 成语游戏

### 忠心爱国

下列成语都能体现“忠心爱国”的思想，将它们补充完整吧。

| | | | |
|---|---|---|---|
| 为国捐（　） | 碧（　）丹（　） | （　）胆忠心 | 忧国忧（　） |
| 保家（　）国 | 尽忠（　）国 | 忧国（　）家 | （　）身为国 |
| 肝脑（　）地 | 忠贞不（　） | 仁（　）志（　） | 忠心（　）（　） |

## 剪辑成片

下列每个黑胶片上都有一个字，请将它们连起来，组成一条成语接龙。

（提示：不是所有胶片都会用上，注意分辨哦！）

| | | | | | | |
|---|---|---|---|---|---|---|
| 尽 | 忠 | 土 | 报 | 云 | 国 | 色 |
| 天 | 地 | 香 | 车 | 水 | 宝 | 马 |

成语接龙：____________________

## “忠”字成语

将下列带有“忠”字的成语补充完整。

| | | |
|---|---|---|
| ＿忠报国 | 忠言＿耳 | 赤＿忠心 |
| 忠＿义胆 | 忠＿两全 | 忠孝＿义 |
| 忠＿良将 | 忠＿耿耿 | 忠贞不＿ |

# 东窗事发

秦桧是南宋时**臭名昭著**的大奸臣，他反对抗击金国，担心战争会影响到自己的权力和官位，所以竭力主张议和。他见岳飞一心抗金，**战功赫赫**，是实现议和的最大障碍，就想方设法地要害死岳飞。他授意别人诬蔑岳飞谋反，将他逮捕入狱，并命人严刑逼供，可是岳飞始终不肯屈服。

有一天，秦桧坐在书房的东窗下，为无法除掉岳飞而发愁。他的老婆王氏见了，就和他一起密谋对策。王氏阴险地说："相公，放走老虎容易，抓住老虎难啊！要是现在不杀了岳飞，将来肯定后患无穷！"秦桧认为王氏的话很有道理，就指使人伪造证据，将岳飞和他的儿子岳云、部将张宪诬陷成罪，并以"莫须有"的罪名杀害了。

后来，秦桧因病去世了。他死后没几天，他的儿子秦熺（xī）也死了。王氏**惴**（zhuì）**惴不安**，就请来一个道士作法。据说那道士来到阴间，看到秦桧和其他杀害岳飞的同谋戴

**出处** 明·田汝成《西湖游览志馀（yú）·佞幸盘荒》：“可烦传语夫人，东窗事发矣。”

**释义** 发：暴露。本指秦桧夫妇在东窗下谋害岳飞的罪行败露。比喻阴谋、罪行败露。

**近义词** 走漏风声 **反义词** 秘而不宣

**造句** 这种事不能干，一旦东窗事发，就会遭到法律的制裁。

着铁枷（jiā），遭受着**各种各样**的刑罚。道士问秦桧有没有话带给王氏。秦桧哭丧着脸说：“麻烦您转告我老婆，我俩在东窗下谋害岳飞的事情暴露了。”道士回到人间后，把秦桧的话说给王氏，王氏听了以后吓呆了，不久也**一命呜呼**。

## 知识小卡片

### 莫须有

“莫须有”是大概有、也许有的意思。秦桧将岳飞定为死罪后，著名大将韩世忠为岳飞鸣不平，就跑去问秦桧有什么证据，秦桧回答：“飞子云与张宪书虽不明，其事体莫须有。”意思是，岳飞的儿子岳云写给张宪的反动信虽然没找到，但这件事可能是存在的。后世因此用“莫须有”表示凭空捏造。

## 成语游戏

### 怎么读

给每组成语中的多音字标出正确的读音。

01 整装待发（ ）　　红颜白发（ ）

02 患难（ ）之交　　难（ ）言之隐

03 真相（ ）大白　　相（ ）依为命

04 称（ ）心如意　　称（ ）兄道弟

05 丢三落（ ）四　　从轻发落（ ）

## 成语接龙

将下面的成语填写完整，使其完成接龙。

东窗事（ ）财致（ ）可敌（ ）（ ）当头（ ）血（ ）年似（ ）深（ ）热

长（ ）来说（ ）听（ ）霸（ ）横纵（ ）老（ ）荒（ ）朝（ ）

## 小小裁判员

判断下列成语是不是反义词，并将结果写在后面的空格中（打√或 × ）。

| | | |
|---|---|---|
| 张灯结彩 | 灯火辉煌 | |
| 东窗事发 | 秘而不宣 | |
| 指手画脚 | 得意忘形 | |
| 龇牙咧嘴 | 目瞪口呆 | |
| 引人注目 | 默默无闻 | |
| 筋疲力尽 | 精神抖擞 | |

# 过河拆桥

元顺帝时有个叫彻里帖木儿的大臣，为官清廉，精明干练。他发现科举考试中有不少贪贿受贿的现象，深为痛恨，便给元顺帝上了一道奏折，请求废除科举制度。元顺帝见他说得**头头是道**，就点头答应了，即刻命人起草了诏书准备颁布。

参政许有壬听说这件事后，表示强烈的反对，太师伯颜则支持废除科举。许有壬对伯颜说："不能废除科举考试啊，否则天下的人才会怨恨朝廷的。"伯颜**针锋相对**地说："可若是继续保留科举制度，**贪赃**（zāng）**枉法**的人会更多。"许有壬回击道："没有实行科举的时候，不是也有许多贪赃枉法的人吗？"伯颜讥讽他说："中举的人中，唯有你参政一人能用！"许有壬不服气，一连举出很多的例子反驳伯颜，伯颜也毫不退让，两个人争论得**不可开交**。最后伯颜说："皇上都已经决定了，这事改变不了了，咱们就不要再争了。"许有壬只好作罢。

第二天，元顺帝召集群臣到崇天门听读废除科举制度的诏书，故意安排许有壬跪在最前

**出处** 《元史·彻里帖木儿传》："治书侍御史普化诮有壬（rén）曰：'参政可谓过河拆桥者矣。'"

**释义** 自己过了河，就把桥拆掉。比喻达到目的以后，就把帮助自己的人一脚踢开。

**近义词** 卸磨杀驴 **反义词** 饮水思源

**造句** 对于曾经帮助我们的人，我们要懂得感恩，不能过河拆桥。

面听，以此羞辱他，让人误以为他赞同这件事。许有壬心里很不好受，却也**无可奈何**。

听完诏书后，满朝文武纷纷回府，许有壬**闷闷不乐**地低头走路。有一个名叫普化的官员特地走到他的身边，凑着他的耳朵嘲讽道："参政，您是通过科举当上官的，今天听读废除科举的诏令，您却跪在第一个，真是'**过河拆桥**'啊。"许有壬听了羞愤难当，加快步伐赶紧离开了。之后，他便以生病为由，再也不去上朝了。

## 知识小卡片

### 科举制度

科举制度是我国古代通过考试选拔官吏的一种制度，因采取分科取士而得名。科举制度最早起源于隋代，唐宋时逐渐完备和成熟，元代以后开始衰落，到清末时被废除。科举考试一般分为乡试、会试和殿试。乡试者第一名称为“解（jiè）元”，会试第一名称为“会元”，殿试第一名称为“状元”。

## 成语游戏

### 成语对对子

在方框内填入和左侧成语意思相近的成语，注意要对仗工整。

| | | | |
|---|---|---|---|
| 卸磨杀驴 | | 守株待兔 | |
| 承前启后 | | 见风使舵 | |
| 偷梁换柱 | | 良药苦口 | |
| 改邪归正 | | 指鹿为马 | |

## 江洋河海

下列成语都含有“江”“洋”“河”“海”几个字，请将它们填写完整。

锦绣（　）山　　漂（　）过（　）　　福如东（　）　　（　）东父老

汪（　）大（　）　　（　）（　）大盗　　血流成（　）　　（　）誓山盟

跳进黄（　）洗不清　　长（　）后浪推前浪　　（　）水不可斗量

## 分分类

将下列成语填写完整，然后按要求进行分类。

没齿难（ ）　　涌（ ）相报　　以（ ）报德　　过河（ ）桥

饮水（ ）源　　（ ）尽弓藏　　结草（ ）环　　兔死狗（ ）

A. 形容懂得感恩 ______________________

B. 形容忘恩负义 ______________________

# 八面威风

元朝末年，统治阶级腐败堕落，争权夺利，压榨（zhà）百姓，导致民不聊生，**怨声载道**。公元 1351 年起，全国多地爆发农民起义，反抗元朝的统治。朱元璋（zhāng）领导的农民起义军，是当时反元队伍中实力较强的一支。

有一年冬天，朱元璋率领大军攻克了安徽阜阳，准备继续南下。在春节那一天，他和大将徐达穿着便服一起乘船，从长江北岸渡往南岸。船夫知道船上坐着的是威名远扬的朱元璋，就假装不认识他，一边摇着船桨，一边大声喊着号子："圣天子六龙护驾，大将军**八面威风**。"朱元璋知道这是祝贺帝王的话，**喜不自胜**。

后来，朱元璋击败其他起义军，消灭元朝，建立了明朝，他就是历史上赫赫有名的明太祖。

**出处** 明·董谷《碧里杂存》：“圣天子六龙护驾，大将军八面威风。”

**释义** 形容威风十足，声势逼人。

**近义词** 威风凛凛 **反义词** 无精打采

**造句** 他一出场就八面威风，吸引了人们的注意力。

有一天，明太祖突然想起了当年的船夫，于是派人找到了他，并赐予了许多封赏，又命人把他那只小船涂成了朱红色，取名“满江红”，表示有功。

## 知识小卡片

### 明太祖朱元璋

朱元璋原名朱重八，他出身平民，十几岁时父母就去世了，不得已做了和尚，以乞讨为生。后来他参加元末起义，因作战勇敢，机智灵活，成为起义军首领。公元 1368 年，朱元璋在南京称帝，定国号为大明。他在位期间采取了一系列措施，使社会生产得到较大发展，国力迅速增强，历史上称为“洪武之治”。

## 成语游戏

### 成语对接

在空格内填入适当的字，使每一行组成两个成语。

八面□□扫地　　前赴□□有人

万众□□一意　　下落□□不白

一笑□□度外　　有朝□□千金

原封□□声色　　奄奄□□尚存

悠然□□其乐　　蒸蒸□□三竿

琳琅□□疮痍　　零零□□点点

## 气度不凡

下面的成语都是描写气度的，请将它们补齐吧。

| | | | |
|---|---|---|---|
| 英气（ ）人 | 一（ ）人才 | 风度（ ）（ ） | 气宇（ ）（ ） |
| 风华（ ）代 | 气（ ）长虹 | 威风（ ）（ ） | 文质（ ）（ ） |
| 光彩（ ）人 | 神采（ ）发 | 英姿（ ）爽 | 仪表（ ）（ ） |

## 快乐连线

将左右两侧意思相反的成语连起来，快来挑战吧！

| | |
|---|---|
| 斩钉截铁 | 寥寥无几 |
| 八面威风 | 索然无味 |
| 比比皆是 | 恍然大悟 |
| 意味深长 | 拖泥带水 |
| 泣不成声 | 萎靡不振 |
| 莫名其妙 | 忍俊不禁 |

**图书在版编目 (CIP) 数据**

成语应该这样学. 1. 2, 读历史故事学成语/刘德水主编. -- 北京 : 民主与建设出版社, 2022. 4
ISBN 978-7-5139-3800-6

Ⅰ. ①成… Ⅱ. ①刘… Ⅲ. ①汉语 - 成语 - 故事 - 青少年读物 Ⅳ. ①H136. 31-49

中国版本图书馆CIP数据核字(2022)第052290号

**成语应该这样学①·读历史故事学成语**

CHENGYU YINGGAI ZHEYANG XUE DU LISHI GUSHI XUE CHENGYU

**主　　编**　刘德水
**责任编辑**　程　旭
**封面设计**　姬溪灏
**出版发行**　民主与建设出版社有限责任公司
**电　　话**　(010) 59417747　59419778
**地　　址**　北京市海淀区西三环中路 10 号望海楼 E 座 7 层
**邮　　编**　100142
**印　　刷**　朗翔印刷（天津）有限公司
**版　　次**　2022 年 4 月第 1 版
**印　　次**　2022 年 5 月第 1 次印刷
**开　　本**　880 毫米 ×1230 毫米　1/24
**印　　张**　8. 5
**字　　数**　90 千字
**书　　号**　ISBN 978-7-5139-3800-6
**定　　价**　78. 00元（全2册）

九色鹿童书
JIU SE LU TONG SHU

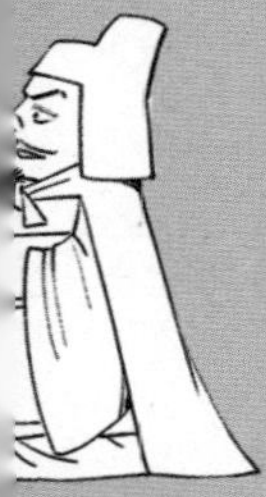

周

# 成语

## 应该这样学①

### 读名著学成语

刘德水◎主编

民主与建设出版社
·北京·

# 目录

## 《水浒传》篇

## 《红楼梦》篇



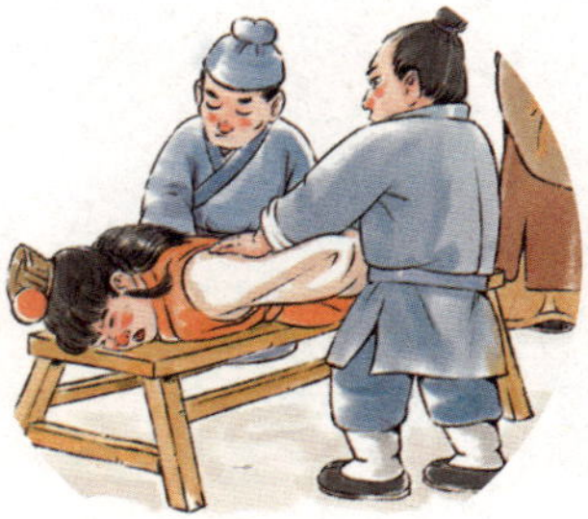

# 前言

成语是一种形式简洁而意义精辟的定型词组或短语，多出于古典典籍、诗词、寓言等。

学习成语，可以积累语言词汇，丰富知识；正确运用成语，可以极大增强语言的表现力、感染力和说服力。为此，我们精选了适合青少年阅读的成语，精心编写了这套《成语应该这样学①》。

本套共分两册，内容上，孩子们通过读历史故事和名著故事，不仅可以学习成语，还能大致了解中华上下五千年的发展史，体会历史的变迁，以及对五大名著有一个初步认识。在板块上，我们增加了一个词典工具的板块，里面有成语出处、释义、近反义词和造句的内容，帮助孩子们对成语做一个基础了解。知识小卡片板块，对正文做了延伸拓展，可以扩展孩子的知识面。另外，我们还精心设计了几百款游戏，不仅有分类型、应用型，还有发散思维型，多角度地激发孩子的思辨能力。

可以说，本套书内容丰富，图文并茂，集知识性和趣味性为一体，让孩子轻松掌握成语，玩转大语文。

# 望梅止渴

有一次，曹操带兵出征。当时正值炎热的夏天，太阳火辣辣地挂在天上，炙烤着大地。曹操的军队已经走了很长时间了，大家都**疲惫**

**出处** 魏武行役，失汲（jí）道，军皆渴，乃令曰："前有大梅林，饶子，甘酸可以解渴。"士卒闻之，口皆出水，乘此得及前源。（《世说新语·假谲（jué）》）

**释义** 口渴时想到就可吃到梅子，流出口水，就不渴了。比喻用空想来安慰自己或别人。

**近义词** 画饼充饥 **反义词** 实事求是

**造句** 不管是望梅止渴，还是画饼充饥，都只是权宜之计。

**不堪**，被晒得**头晕眼花**、**口干舌燥**，许多士兵的嘴唇干裂得不成样子，甚至有人中暑了。曹操见状，急忙派人去寻找水源。可是周围都是荒山野岭，没有人烟，根本找不到水源。

曹操心里非常焦急，心想："这下可糟糕了，找不到水喝，再这样耗下去，必然会贻（yí）误战机，损失不少人马，得想个办法鼓舞士气，激励大家走出这片干旱地区。"

曹操皱着眉头，**左思右想**。突然，他**灵机一动**，脑子里蹦出个好点子。他勒马跃上一个山坡，冲着将士们喊道："前面不远处有一大片梅林，树上结满了又酸又甜的梅子，大家再坚持一下，走到那里，就可以吃梅子解渴了。"

将士们听了曹操的话，想到酸甜可口的梅子，仿佛真的吃到了梅子一样，嘴里顿时生出不少口水。大家振作起精神，鼓足力气向前赶去。没过多久，曹操的军队就走出旱地，找到了水源。

## 知识小卡片

### 曹操

曹操（公元155～220年），字孟德，小字阿瞒，沛国谯（qiáo）县（今安徽亳州）人。东汉末年著名政治家、军事家。曹操一生戎马无数，消灭了当时北方众多割据势力，统一了北方大部分地区，为曹魏政权的建立奠定了基础。曹操在文学上也有很高的造诣（yì），留下了不少传世作品，比如《龟虽寿》《短歌行》《步出夏门行》等。

## 成语游戏

### 看图猜成语

观察下面的图画，写出相应的成语。

成语：________________

## 水果聚会

在下面的空格内填入适当的水果名称，组成成语。

人面（ ）花　　（ ）花带雨　　投（ ）报（ ）

顺藤摸（ ）　　囫囵吞（ ）　　（ ）熟蒂落

## 岁寒三友

下面都是些关于岁寒三友（梅、竹、松）的成语，尝试着把它们补充完整吧。

势如破（ ）　　踏雪寻（ ）　　（ ）篮打水

望（ ）止渴　　胸有成（ ）　　岁寒知（ ）柏

# 煮豆燃萁

曹丕和曹植都是曹操的儿子，他们也是历史上有名的文学家，与他们的父亲曹操并称为“三曹”。

曹植因**才华出众**，从小就受到父亲曹操的疼爱。曹操去世后，曹丕继承了他的衣钵（bō），后来，曹丕又建立魏国，做了皇帝。曹丕是个心胸狭隘的人，他一直都很嫉妒弟弟曹植的才华，同时他也对曹植不放心，害怕曹植篡（cuàn）权，所以一直想找机会除掉曹植。

有一天，曹丕把曹植叫过来，阴险地对曹植说：“父王在世时，老是夸你的诗写得怎么怎么好，可我怀疑那是别人替你写的。今天，我要亲眼瞧瞧你写诗的才能到底怎样。我要你在七步之内作出一首诗来，如果你办不到，就把你处死！”

曹植知道哥哥的用意，既伤心又愤怒。但他**无计可施**，只好强忍着悲愤，很快吟出一首诗来：“煮豆持作羹，漉菽以为汁，萁在釜下燃，豆在釜中泣。本是同根生，相煎何太急？”

**出处** 文帝（曹丕）尝令东阿王（曹植）七步中作诗，不成者行大法。应声便为诗曰：“煮豆持作羹（gēng），漉（lù）菽（shū）以为汁，萁（qí）在釜（fǔ）下燃，豆在釜中泣。本是同根生，相煎何太急？”帝深有惭色。（《世说新语·文学》）

**释义** 萁：豆秸（jiē）。烧豆秸煮豆子。旧时用来比喻兄弟间互相残害。

**近义词** 同室操戈 **反义词** 情同手足

**造句** 兄弟之间要和谐相处，不能你争我夺、煮豆燃萁。

曹丕听了以后，觉得自己对弟弟太过分了，感到十分惭愧，就没有伤害曹植，而是贬了他的官，不再重用他。曹植始终不得志，最后抑郁而死。

## 知识小卡片

### 才高八斗的曹植

曹植（公元 192 ~ 232 年），字子建，是曹操的第三个儿子。他自幼聪慧，过目不忘，十多岁就能背诵《诗经》《论语》等作品。曹植的文学成就以诗赋为主，后人对他的评价很高，谢灵运曾说“天下才有一石，曹子建独占八斗”。

## 成语游戏

### 五谷杂粮

在空白处填写粮食作物名称，将成语补充完整。

| | | |
|---|---|---|
| 针尖对（ ）芒 | 五（ ）丰登 | 煮（ ）燃萁 |
| 鱼（ ）之乡 | 目光如（ ） | 陈芝麻烂（ ） |
| 五（ ）不分 | 柴（ ）油盐 | 沧海一（ ） |

## 火眼金睛

下面是一些被打乱的部首，用你的火眼金睛看看它们可以组成哪个成语吧。

（提示：有一个部首用不上哦！）

| | | | |
|---|---|---|---|
| 火 | 灬 | 然 | 其 |
| 者 | 氵 | 豆 | 艹 |

成语：________________

## 历史人物猜猜猜

读一读下列成语，猜猜说的主人公是谁？

（1）煮豆燃萁　人物

（2）望梅止渴　人物

（3）小时了了　人物

# 割席分坐

东汉时期有两个读书人，一个叫管宁，一个叫华歆。他们本来是一对非常要好的朋友，每天同食同寝，一起读书，相处得十分融洽。

有一天，管宁和华歆一道在园子里锄菜。锄着锄着，忽然，管宁从泥土里翻出一块金子，但是他没有再理会，而是将其视作瓦片石头一样，继续挥舞着锄头干活儿。而华歆则立马跑过去捡起金子，捧在手里看了又看。管宁见状，忍不住责备说："钱财是靠劳动获得的，世上没有不劳而获的事儿。"华歆回答："这个道理我也明白。"又盯着金子看了好大一会儿，才**依依不舍**地把它丢在地上。

又有一天，两个人一起坐在席子上读书。正看得入神，忽然外面传来一阵鼓乐声，原来是一位大官乘坐着豪车从门前经过。管宁好像什么也没听见，继续**专心致志**地读书，华歆却忍不住放下书本，跑到门外去观看。

**出处** 管宁、华歆（xīn）共园中锄菜，见地有片金，管挥锄与瓦石不异，华捉而掷去之。又尝同席读书，有乘轩冕过门者，宁读如故，歆废书出看。宁割席分坐，曰："子非吾友也。"（《世说新语·德行》）

**释义** 割席：古时席地而坐，用刀把席子截开，表示不愿同坐在一张席上。比喻朋友绝交。

**近义词** 分道扬镳（biāo） **反义词** 和好如初

**造句** 他们原来是形影不离的朋友，现在已经割席分坐了。

管宁见华歆读书不专心，又那么羡慕功名富贵，心里很失望，觉得他不是**志同道合**的人。等到华歆回来，管宁毫不迟疑地用刀割断了两人并坐的席子，**郑重其事**地对他说："咱俩的志趣太不一样了，从现在起，你我就像这被割开的席子，不再是好朋友了。"从此，两人便断绝了交情。

# 知识小卡片

## 管宁隐居不仕

管宁是春秋时期齐国名相管仲的后代，他博学多识，潜心学术，不追求功名利禄。汉末天下大乱时，管宁避祸辽东，隐居山林，以教书为业。曹丕称帝后，诏令大臣们举荐隐士，司徒华歆便举荐了管宁。于是，曹丕派人前往邀请，管宁却坚辞不受。后来曹叡（ruì）、曹芳都有聘请，但管宁仍旧没有答应。因此，世人都说他是高风亮节的隐士。

# 成语游戏

## 成语接力

成语世界也有好玩的接力赛，请帮下面的成语完成接力赛吧。

坐（ ）观（ ）罗（ ）网开（ ）面（ ）耳（ ）胆忠（ ）安（ ）得

天

（ ）富兵（ ）图奋发（ ）积（ ）独

## 成语里的日用品

下面这些成语中包含着生活用品，试着把它们填写完整吧。

雨后送（ ）　（ ）不暇暖　倾（ ）大雨　和（ ）托出

（ ）水车（ ）　守口如（ ）　（ ）红酒绿　箪食（ ）饮

小菜一（ ）　（ ）火纯青　（ ）花水月　（ ）（ ）狼藉

## 小猫分苹果

一只小猫摘了许多苹果，它准备将它们分类到对应的框里，你来帮帮它吧。

（提示：根据词性进行分类。）

割席分坐　左思右想　恩断义绝　思前想后　各奔前程　绞尽脑汁

A: 

B: 

# 管中窥豹

王献之是晋代书法家王羲（xī）之的第七个儿子，他从小**聪明伶**（líng）**俐**（lì），深得父亲的喜欢。但是他对樗蒲［古代的一种游戏，类似于后来的掷色（shǎi）子］却不精通。

有一次，他观看父亲的学生玩掷色子的游戏，见到有胜有负，于是说道：“南边的风力不强啊！”

学生们轻视他是个小孩儿，说道：“这个小孩儿就像从竹管里看豹子，只能看到豹子身上的几个斑点罢了。”意思是说，他**见识不广**，看不到全局。

王献之听后气呼呼地说：“你们可不要小瞧人！远一点儿的人，我惭愧比不上荀奉倩（即荀粲，三国时魏人，为人清高，很有才学）；近一点儿的人，我惭愧比不上刘真长［即刘惔（dàn），王羲之的朋友］。”说完，**拂袖而去**。

**出处** 王子敬（王献之）数岁时，尝看诸门生樗（chū）蒲，见有胜负，因曰：“南风不竞。”门生辈轻其小儿，乃曰：“此郎亦管中窥（kuī）豹，时见一斑。”（《世说新语·方正》）

**释义** 窥：从小孔或缝隙里看。从管子里看豹。比喻只见到事物的一小部分。也比喻可以从观察到的部分推测全貌。

**近义词** 坐井观天 **反义词** 见微知著

**造句** 我们看事物要全面，不能管中窥豹。

长大后王献之和他的父亲一样，也成了一位书法家，后人于是把他们父子合称为“二王”。

## 知识小卡片

### 王献之

王献之（公元344～386年），字子敬，东晋时期著名书法家，与张芝、钟繇（yóu）、王羲之并称为“书法四贤”。王献之从小随父亲练习书法，对行书、草书、楷书和隶书都比较精通，尤其擅长草书，他所创造的“一笔书”，字的体势一笔而成，气势豪迈，令人称道。

## 成语游戏

### 谁大谁小

在方框内填入适当的字补全成语，看看它们代表的事物谁大谁小。

（提示：在横线处填“>”“<”或“=”。）

胆小如□ ______ 管中窥□

排山倒□ ______ 大好□山

□大招风 ______ 寸□不生

□罗棋布 ______ 众□捧月

## 动物成语

下列都是包含动物的成语，把它们补充完整吧。

骑（  ）难下　　（  ）飞蛋打　　（  ）心（  ）胆　　（  ）急跳墙

人仰（  ）翻　　笔走（  ）（  ）　　汗（  ）充栋　　打草惊（  ）

抱头（  ）窜　　放（  ）归山　　老态（  ）钟　　（  ）年（  ）月

## 灵活的眼睛

我们的眼睛真灵活，可以做很多动作，如望、盯、瞟……请你根据给出的提示，补全成语。

向远处看…………………… 一（  ）无际

从小孔里看……………………管中（  ）豹

匆匆地看…………………… 惊鸿一（  ）

在一边看……………………袖手（  ）（  ）

亲眼看见……………………耳闻（  ）（  ）

愤怒地看……………………（  ）目而视

# 百感交集

卫玠（jiè）是西晋时期著名的玄学家。晋怀帝时，卫玠曾入朝为官，担任太子洗（xiǎn）马一职。

当时的社会环境十分动荡，统治集团内部**争权夺利**，矛盾重重，爆发了**旷日持久**的“八王之乱”，给国家和人民造成了深重的灾难。与此同时，北方地区有匈奴**虎视眈（dān）眈**。晋怀帝永嘉三年（公元 309 年），匈奴军队曾两次打到西晋都城洛阳，虽然最后都被西晋军队打败了，但是北方的威胁并没有消除。

为了躲避战乱，卫玠辞去官职，决定把家迁到南方去。可是卫玠的哥哥卫璪（zǎo）还在朝廷任职，母亲不舍得与大儿子分离。于是，卫玠就劝母亲以门户大计为重，最终说服母亲同意了南迁。

永嘉四年（公元 310 年），卫玠挥泪告别哥哥，然后带着母亲和妻子一起南下。一路上**跋山涉水**，**风餐露宿**，向来体弱多病的卫玠被折腾得憔悴不堪。在将要渡过长江的时候，

**出处** 卫洗马初欲渡江，形神惨悴（cuì），语左右云：“见此茫茫，不觉百端交集。苟未免有情，亦复谁能遣此！”（《世说新语·言语》）

**释义** 感：感想；交：一齐；集：聚拢。各种感想交织在一起。

**近义词** 感慨（kǎi）万千 **反义词** 无动于衷

**造句** 回到久别的家乡，奶奶心里百感交集。

卫玠**感慨万千**地对左右的人说：“我看到这茫茫的江水，心里不由得**百感交集**。但凡是一个有感情的人，又有谁能排遣这复杂的情绪呢！”

由于时局动乱，卫玠南迁也没有过上**安居乐业**的生活。渡过长江没多久，他的妻子就不幸去世了。他又辗转颠沛到建康（今江苏南京），后来也因病而亡。

## 知识小卡片

### 八王之乱

晋惠帝是西晋的第二位皇帝，他在位期间昏庸无能，皇后贾南风独揽大权，引起诸多藩王不满，于是他们先后起兵，为争权夺利互相攻伐。由于八王为主要参与者，而且《晋书》将其汇为一个列传，于是史称这次动乱为“八王之乱”。这场内乱持续了十六年，给国家和人民造成了深重的灾难，直接导致了西晋衰落。

## 成语游戏

### 合二为一

巧手填成语，使等号左侧方框内的字合并后，能填入等号右侧的成语中。快来挑战吧！

不□不淡 + □悦诚服 = 百□交集

张□舞爪 + 小□依人 = □雀无声

变本□厉 + 天□行空 = 腾云□雾

明□故犯 + 拨云见□ = 足□多谋

缘□求鱼 + □离破碎 = 节外生□

## 成语阶梯

下图中每一行有一个成语，开动脑筋把它们补全吧。

| | | | | | | | | |
|---|---|---|---|---|---|---|---|---|
| 千 | | 一 | 发 | | | | | |
| | | 感 | 交 | 集 | | | | |
| | | 上 | | 入 | | | | |
| | | | 畏 | | 畏 | | | |
| | | | | | 光 | | 发 | |
| | | | | | | | 忘 | 形 |

## 幽默猜成语

根据左边的幽默提示，补全右侧的成语。

| | |
|---|---|
| 对理发师的手艺不满意 | 岂有此 |
| 最近有流行性感冒 | 百　交集 |
| 一边吃芝麻糊一边聊天 | 　　其辞 |
| 愚公的家 | 开　见 |
| 牙医牙疼 | 不能自 |

# 自惭形秽

晋代时，有个骠骑将军叫王济，他相貌俊朗，**仪表堂堂**，**待人接物**极有风度。除了善于提刀弄枪，王济平时也喜欢读书论经，**才学出众**的他在当地也算颇有名气。

有一年，王济的外甥卫玠带着母亲来投靠自己。王济见外甥长得**眉清目秀**，**风度翩翩**，顿时惊呆了。他对卫母说："人们都说我相貌过人，可如今跟外甥比起来，就像是把石头和珠玉放在一起，我真是太丑了！"

过了几日，王济带着外甥去拜见亲友。从街上走过时，看到卫玠的人都以为他是白玉雕成的，大家你拥我挤，争着跑过来观看他。好不容易来到亲友家，大家都想了解一下卫玠除了外表好看，学问是不是也出众，就要求他讲解玄理。卫玠推辞不了，就对大伙儿讲了起来。大家听了**赞不绝口**，都笑着对王济说："看来，三个王家儿郎（指王澄、王玄和王济，都是当时的清谈高手）加起来也抵不上一个卫玠啊！"

**出处** 骠（piào）骑王武子，是卫玠之舅，俊爽有风姿，见玠辄叹曰：“珠玉在侧，觉我形秽（huì）。”（《世说新语 · 容止》）

**释义** 形秽：形态丑陋，引申为缺点或不足。因自觉形态鄙俗而感到惭愧。或因自己不如别人而感到惭愧。

**近义词** 自愧不如 **反义词** 孤芳自赏、自命不凡

**造句** 他十分出色，令我自惭形秽。

王济回答：“是啊，我和外甥待在一块儿，就像有一颗明珠在我身边闪闪发光，让我**自惭形秽**。”

## 知识小卡片

### 看杀卫玠

卫玠是我国古代四大美男之一，当时的人都称他为“璧人”，就是仪容像美玉一样的人。据说卫玠每次出行都会引起轰动，造成围观的场面。《世说新语》记载，卫玠南渡后流落到建康，人们听说他容貌非凡，纷纷出来看他，观者围得像一堵墙，卫玠本就虚弱，身体受不了这种劳累，于是形成重病而亡，人们都说是看死了卫玠。

## 成语游戏

### 成语天平

把天平上的成语补充完整，使其构成一对近义词。

自（　）形秽　　自（　）不如

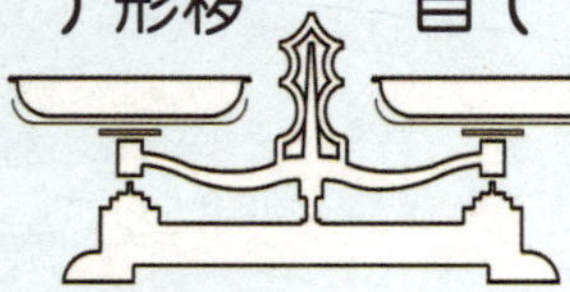

（　）急败坏　　（　）冒三丈

专心（　）志　　目不转（　）

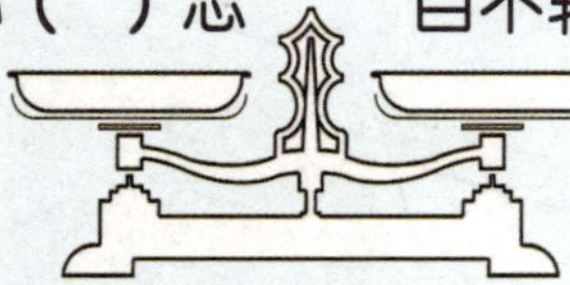

郑（　）其事　　一丝不（　）

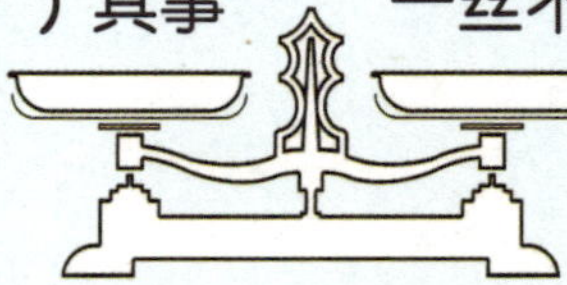

## 容貌家族

你知道这些容貌家族的成员吗？快来认识它们吧。

尖嘴（ ）腮　（ ）容（ ）貌　国（ ）天（ ）　（ ）头（ ）目

闭（ ）羞（ ）　其貌不（ ）　玉（ ）临风　如（ ）似（ ）

面目可（ ）　膀大（ ）圆　（ ）（ ）如画　（ ）瓜（ ）枣

## 行走路线

小兔子去小松鼠家做客，可它忘了行走路线，你能帮帮它吗？

| | | | | |
|---|---|---|---|---|
| 自 | 门 | 当 | 户 | 对 |
| 惭 | 无 | 地 | 入 | 牛 |
| 形 | 长 | 驱 | 直 | 弹 |
| 秽 | 心 | 重 | 棋 | 琴 |
| 言 | 污 | 语 | 书 | 画 |

# 鹤立鸡群

嵇绍是竹林七贤之一嵇康的儿子，他不仅**才华横溢**，而且体态魁伟、**气宇轩昂**。西晋建立以后，嵇绍来到都城洛阳做官。有人看见他，大为惊叹，跑去对司徒王戎说："嵇绍英武挺拔，就像是一只野鹤站在鸡群之中。"

晋惠帝继位以后，嵇绍担任侍中一职。他对晋惠帝十分忠心。有一次，都城发生了动乱，形势危急，嵇绍听说消息后，**奋不顾身**地冲进皇宫保护皇帝。守卫宫门的侍卫看见他跑过来，拉开弓箭准备射他。侍卫官萧隆见嵇绍气度不凡，连忙阻止了侍卫，嵇绍这才**幸免于难**。

后来，河间王司马颙（yóng）和成都王司马颖起兵造反。晋惠帝亲自领兵讨伐，结果不幸战败，将士死伤逃亡无数，只剩下嵇绍带兵拼命守卫晋惠帝。只见敌军的飞箭像雨点一样射过来，但嵇绍却以血肉之躯挡在晋惠帝身前，最后中箭而亡，鲜血也喷溅到晋惠帝的御袍

**出处** 有人语王戎曰："嵇（jī）延祖（嵇绍）卓卓如野鹤之在鸡群。"（《世说新语·容止》）

**释义** 像鹤站立在鸡群之中。比喻人的仪表或才能出众。

**近义词** 出类拔萃、不同凡响 **反义词** 平淡无奇

**造句** 他一表人才，在众人之中如鹤立鸡群一般，显得尤为突出。

上了。等到战事结束，侍从要洗去御袍上的血迹，晋惠帝说："这是嵇侍中的血，不要洗去！"以此纪念嵇绍。大臣们见了无不感慨。

## 知识小卡片

### 竹林七贤

魏晋时期社会动乱，官场黑暗，民不聊生。一些有识之人宁愿隐居山林，也不愿意出来做官。其中，著名的人物有嵇康、阮籍、向秀、刘伶、阮咸、山涛、王戎。七人经常聚集在一片竹林里，肆意喝酒、弹唱，世人称他们为“竹林七贤”。

## 成语游戏

### 看图猜成语

观察下面的图画，猜成语。

成语

成语

# 成语应该这样学①

## 读名著学成语

### 参考答案

# 风调雨顺

## 奇妙的天气

电闪(雷)鸣 风和(日)丽 (云)淡风轻 风(雨)交加
万里无(云) 冰天(雪)地 暴风骤(雨) 骄(阳)似火

## 腾飞的巨龙

顺(手)牵(羊)落(虎)口(直)心(快)马加鞭(长)莫及

## 风雨家族

第一组：风(调)雨(顺) 风(吹)雨(打) (春)风(化)雨 (呼)风唤(雨)

第二组：风雨(同)(舟) 风雨(无)(阻) (满)(城)风雨 (饱)(经)风雨 （答案不唯一）

# 毛骨悚然

## “然”字阵营

(悠)然自得 (怦)然心动 (泰)然处之 安然无(恙)
茫然若(失) 肃然起(敬) (黯)然神伤 (恍)然大悟
道貌(岸)然

## 古堡探险

胆(战)心(惊) 惊(恐)万状 (魂)飞天外 不(寒)而栗
(汗)流(浃)背 惊(心)动(魄) 提(心)吊(胆)
(魂)不附体；不寒而栗 汗流浃背（答案不唯一）

# 千方百计

## “千百”成语

千(奇)百(怪) 千(依)百(顺) 千(娇)百(媚) 千(回)百(转)
千(疮)百(孔) 千(锤)百(炼) 千(方)百(计) 千(姿)百(态)
（答案不唯一）

## 成语里的近义词

(良)师(益)友 (调)兵(遣)将 (争)权(夺)利 (谨)言(慎)行
(旁)敲(侧)击 高(瞻)远(瞩) (捕)风(捉)影 (改)朝(换)代
精(雕)细(刻) 尽(善)尽(美) 兴(国)安(邦) (乐)善(好)施

## 成语T台

(千)方百(计) 百(无)一(疏) 才(疏)学(浅) 学而(不)(厌)
(不)(厌)其烦

# 饥不择食

《水浒传》篇

## 成语里的饮食

津津有(味) 茶(饭)不思 (食)不下咽 食不(裹)腹
食不(甘)味 (狼)吞(虎)咽 细(嚼)慢(咽) 饥不择(食)
风卷(残)云 (酒)醉(饭)饱 饥肠(辘)(辘) 大块朵(颐)

## 成语螺旋

饥 食 化 乌 言 礼 兵 戎 钱 开 辟 广 稀 怪 怪

## 紧急时刻

1.千钧一发 2.饥不择食 3.刻不容缓 4.迫在眉睫
5.箭在弦上 6.慌不择路

## 成语里的量词

下列成语中都含有量词，试着把它们填出来吧。

（　）甲不留　　细枝末（　）　　明目（　）胆　　比翼（　）飞

高朋满（　）　　成（　）结（　）　　有（　）不紊　　一（　）之词

（　）亲访友　　（　）粒无收　　雕梁画（　）　　空（　）支票

## 动物乐园

动物乐园里的动物可多了，有老虎、狮子、梅花鹿等。请把下面含有动物的成语填写完整，并按要求进行分类。

河东（　）吼　　（　）击长空　　无头（　）（　）　　闲云野（　）

声名（　）藉　　（　）歌（　）舞　　招（　）引（　）　　（　）口逃生

沉鱼落（　）　　金（　）脱壳　　豺（　）虎（　）　　飞（　）扑火

鸟雀：____________________

猛兽：____________________

昆虫：____________________

# 身无长物

东晋时，有一个叫王恭的人，生活过得十分俭朴。

有一次，王恭跟随父亲从都城去会稽（今江苏苏州），因为那里盛产竹子，所以回都城的时候就带回一张精美的竹席。

王恭回来以后，一个叫王忱（chén）的同族去看望他。王忱见王恭坐着的竹席十分漂亮，心生喜爱，于是对王恭说："你从盛产竹子的地方回来，肯定带回不少好席子吧？可以拿一张给我吗？"王恭笑而不语。

王忱走后，王恭便派人把竹席给他送了过去。由于没有多余的竹席可用，王恭只好坐在草垫子上。

后来，王忱知道了这件事，非常吃惊，于是找到王恭，对他说："我本以为你有好几张竹席，

**出处** （王恭）对曰：“丈人不悉恭，恭作人无长物。”（《世说新语·德行》）

**释义** 长物：多余的东西。身上没有多余的东西。形容极端贫穷。

**近义词** 一贫如洗、一无所有 **反义词** 金玉满堂、腰缠万贯

**造句** 虽然现在身无长物，但他坚信只要肯努力，就可以过上理想的生活。

所以才向你要的，没想到你只有一张。”王恭回答说：“看来你并不了解我呀。我从来没有多余的东西。”

## 知识小卡片

### 王恭和王忱

王恭字孝伯，是东晋时的外戚大臣，为官清廉。王忱又名王大，是王恭的族叔。两人曾十分友好，但后来因性情、爱好不同而交恶。据《世说新语》记载，有一次两人在左仆（pú）射（yè）何澄家做客，王忱向王恭劝酒，王恭不肯喝，王忱就强迫他，后来两人叫来府中的仆人，差点儿打起来。

## 成语游戏

### 怎么走

小明要去找朋友，他该怎么走才能到达对面呢？你来帮帮他吧！

（提示：干扰的字不少，注意辨别哦！）

| | | | | | |
|---|---|---|---|---|---|
| 身 | 云 | 天 | 反 | 复 | 月 |
| 无 | 分 | 极 | 必 | 无 | 水 |
| 长 | 物 | 交 | 常 | 地 | |

## 成语猜课程

将每组成语补充完整，看看都有哪些课程。

出神入◯　◯无止境

九死一◯　◯归原主

甜言蜜◯　◯过饰非

身无长◯　◯所当然

心中有◯　◯以致用

## 汉字拼图

下面是两个由成语拼成的汉字图形，试着填一填吧。

赞不绝□□相传
　　　不
　　　择
　　　□
　　　之
　　　有
通□达□屈□穷

奋不顾□无长□
　　　体
　　　力
量□而□□匆匆
　　　云
　　　流
□如止□□不服

# 拾人牙慧

东晋时，有一个叫殷浩的人，因为他曾在军中担任“中军”一职，所以，人们也叫他“殷中军”。殷浩学识渊博，对《老子》《易经》颇有研究，谈论起来时，能把其中的精髓（suí）讲得**头头是道**。

殷浩有个外甥，名叫韩康伯，他天资聪颖，善于言谈，很得殷浩的欢心。于是，殷浩对他的要求也很严格。殷浩

**出处** 殷中军云："康伯未得我牙后慧。"（《世说新语·文学》）

**释义** 拾：捡取；牙慧：指别人说过的话。拾取人家的一言半语当作自己的话。比喻袭取或改头换面地套用别人说过的话。

**近义词** 鹦鹉学舌 **反义词** 别具匠心

**造句** 写文章要有自己的见解，不能拾人牙慧。

因北伐失败被流放的时候，韩康伯也随同前往。

有一次，殷浩看到韩康伯**眉飞色舞**地对着一群人说着什么。他以为韩康伯学到了什么新知识，就走上前去仔细地听起来，结果发现韩康伯所讲的都是自己平时所讲的，没有一点儿个人的创见，于是很不高兴地离开了。

事后，殷浩将韩康伯叫到跟前，严厉地呵斥了他一番，说："你连我牙齿后面的残渣都没拾到，就自以为了不起，在别人面前**夸夸其谈**，真是太不应该了！"

韩康伯羞愧难当，立刻低着头不吭声。从此以后，韩康伯虚心学习，变得越来越优秀，后来成了一位大学问家。

## 知识小卡片

### 殷浩北伐

西晋末年，北方的几个少数民族趁着八王之乱侵扰中原，占领了北方大部分地区。公元 316 年，匈奴灭亡西晋。晋朝皇室南迁江南，建立东晋。东晋多次兴师北伐，想要收回失地。公元 352 年，殷浩受命率领大军北伐，结果失败，被朝廷削掉官职，流放外地。

## 成语游戏

### 人山人海

以下都是带“人”的成语，看看你能填出哪些。

舍（ ）为人　（ ）人入胜　人困（ ）乏　（ ）无人烟

不（ ）人事　息事（ ）人　（ ）无人道　夜（ ）人（ ）

怨天（ ）人　差强人（ ）　（ ）是人非　耐人（ ）（ ）

## 成语猜猜猜

根据左侧给出的幽默谜语，来猜成语谜底吧。

01 火车上演戏　　载□载□

02 宴会上的牙签　　拾人□□

03 鸭子走路　　大□大□

04 泥屋倒塌　　□崩□解

05 秋天的石榴　　合不□嘴

06 强盗救火　　趁火打□

## 神奇的磁铁

磁铁有南北两极，在北极（N）填近义词，在南极（S）填反义词，你能完成吗？

拾人牙慧　　无计可施　　安居乐业

# 口若悬河

晋朝时，有一个大学问家，名叫郭象。他**知识渊博**，善于观察日常生活中的一些现象，对事物有着独到的见解。后来，他又潜心研究老子和庄子的学说，颇有心得，并著有《庄子注》，在当时产生了极大影响。

朝廷听说了他的名声，派人请他去做官，但他不喜欢官场上的生活，借口拒绝了。后来，朝廷**三番五次**来游说他，他推辞不掉，只好答应，于是就做了黄门侍郎。

到了京城，由于他学识渊博，所以不管对什么事情都能说得**头头是道**，再加上他的口才非常好，又喜欢发表自己的见解，所以人们很喜欢听他**妙趣横生**的演讲，而且听得**津津有味**。

当时有一个叫王衍的太尉，也是一名优秀的学者，并对老庄之学也颇有研究，所以对郭

**出处** 王太尉云：“郭子玄语议如悬河泻水，注而不竭。”（《世说新语·赏誉》）

**释义** 悬河：瀑布。说话滔滔不绝，像瀑布倾泻一样。形容能说善辩，话语不断。

**近义词** 滔滔不绝、侃侃而谈 **反义词** 张口结舌、笨嘴拙舌

**造句** 他的辩论很精彩，口若悬河，妙语连珠。

象渊博的学识、独到的见解和雄辩的口才十分赞赏，于是常常在他人面前夸赞郭象说：“听郭象说话，就好像悬在山间的瀑布，倾泻而下，**滔滔不绝**，仿佛永远不会枯竭。”郭象的口才，由此可知。

## 知识小卡片

### 老庄玄学

老庄玄学是魏晋时期产生的一种崇尚老庄的哲学思潮。它以《庄子》《老子》《周易》为根本，对三书进行研究和解说。魏晋时期有许多名士喜欢玄学，像阮籍、嵇康、郭象、何晏、王弼（bì）都是著名的玄学大师。

## 成语游戏

### 舌绽莲花

我们常用“舌绽莲花”来形容口才好。下面的成语都是形容口才的，试着把它们补充完整吧。

| | | |
|---|---|---|
| 能说会（ ） | （ ）舌如簧 | （ ）（ ）不绝 |
| 妙语连（ ） | 谈笑（ ）生 | （ ）（ ）而谈 |
| 出口成（ ） | 对答如（ ） | 伶（ ）俐（ ） |

## 看图猜成语

根据图中描述的画面，写出相应的成语。

成语

成语

## 成语里的修辞

下列成语都包含着修辞手法，把它们填写完整，然后进行归类。

| | | | |
|---|---|---|---|
| （ ）若木鸡 | 百花争（ ） | 轻如（ ）毛 | 春（ ）得意 |
| 一（ ）十行 | （ ）若悬河 | 一步（ ）天 | 归心似（ ） |
| （ ）朋（ ）友 | （ ）大包天 | 兔死（ ）悲 | 恩重如（ ） |

比喻：________________

拟人：________________

夸张：________________

# 难兄难弟

东汉时期，颍川郡有个叫陈寔（shí）的人，他在汉桓帝时期当过太丘县县长，人们都称他“陈太丘”。他为官期间**廉洁奉公**，断案公正，百姓都很佩服他。据说他去世的时候，为

**出处** 陈元方子长文有英才，与季方子孝先，各论其父功德，争之不能决，咨于太丘，太丘曰：“元方难（nán）为兄，季方难为弟。”（《世说新语·德行》）

**释义** 原指兄弟才德都好，难以分出高低。今多讥讽两人同样差劲。

**近义词** 一丘之貉　**反义词** 大相径庭

**造句** 袁术和袁绍，可称为一对难兄难弟，而袁术比起袁绍，就更是差劲。

他送丧的有三万多人。

陈寔有六个儿子，个个有着很高的德行和声望，尤其是大儿子元方和四儿子季方，最为杰出。

元方有个儿子叫长文，季方有个儿子叫孝先。有一天，这对堂兄弟谈论起各自父亲的功德品行来，都自豪地夸耀说自己的父亲功德更高，品行更完美。两人争来争去也没有争论出结果，于是决定一起去找祖父陈寔，让他裁断。

陈寔得知**来龙去脉**以后，不由得**哈哈大笑**起来。他想了一下，对两个孙子说：“元方做兄长的，难以胜过弟弟；季方做弟弟也不容易，难以胜过兄长。他们俩的功德都很高，分不出高下呀！”两个孙子听了，满意地跑开了。

## 知识小卡片

### 家喻户晓的“三君”

陈寔和儿子元方、季方德行高尚，在当时有着很大的名声，深受人们敬仰，被尊称为“三君”，甚至还给他们画像，广为传诵。《世说新语》里对父子三人的德行进行了诸多描述，有一则故事说陈寔为官清廉，家里穷得雇不起仆人，去拜访某位官员时，让元方赶车，季方挑行李，人们知道了这件事，无不称赞他们道德高尚。

## 成语游戏

### 词语增肥

很多双音节词增肥以后能够变成成语，比如“兄弟”可以变为“难兄难弟”。下面的词语都能扩展为成语，试着把扩展后的成语补充完整吧。

长短→ 取 ____ 补 ____　　山水→ 山 ____ 水 ____

平静→ ____ 平 ____ 静　　强壮→ ____ 强 ____ 壮

古今→ 古 ____ 今 ____　　颜色→ ____ 颜 ____ 色

## 叠字变成语

下面的叠字增加成分后都能变成成语，快去闯关吧！

| | | |
|---|---|---|
| 毛（　）毛（　） | 半（　）半（　） | （　）服（　）服 |
| 十（　）十（　） | （　）尔（　）尔 | （　）错（　）错 |
| 数（　）（　）数 | 年（　）（　）年 | （　）欺欺（　） |

## 正确读音

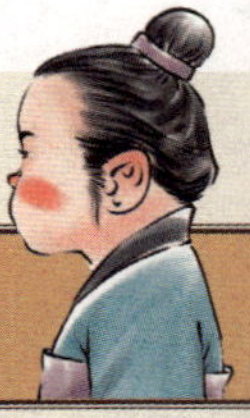

有的字在不同的成语中读音不一样，仔细读下面的成语，给多音字标出正确的读音吧。

| | |
|---|---|
| 阴差（　）阳错 | 参差（　）不齐 |
| 鲜（　）为人知 | 屡见不鲜（　） |
| 和（　）颜悦色 | 随声附和（　） |
| 济（　）济一堂 | 同舟共济（　） |

# 小时了了

孔融字文举，是东汉末年的名臣。他自幼聪慧，尤其擅长应对，小小年纪就颇有名气。

孔融十岁的时候，有一次随父亲去京城。当时，河南太守李膺（yīng）声名远播，读书人都很仰慕他。不过李膺架子很大，通常只接待亲戚朋友和一些有名望的人，其他访客一律不见。

孔融对李膺仰慕已久，非常想去见见他，

**出处** 孔文举年十岁，随父到洛。……韪(wěi)曰：“小时了了，大未必佳。”文举曰：“想君小时，必当了了。”（《世说新语·言语》）

**释义** 了了：明白懂事。年幼时便懂事聪明。

**近义词** 少年老成 **反义词** 无

**造句** 他由于不肯脚踏实地的努力，尽管小时了了，长大了却没什么成就。

但又怕父亲不允许，所以就一个人偷偷地来到李膺府上。

孔融对看门的侍卫说：“我是你家李太守的亲戚，麻烦你替我通报一下！”

侍卫进去通报以后，就把他领进了大厅里。李膺见拜访者是个不认识的小孩子，就不客气地说：“你跟我有什么亲戚关系呀？”

孔融答道：“我的先祖孔子与您的先祖老子曾是师徒。我是孔子的后人，您是老子的后人，所以我们也是世交啦！”

当时，李膺家里有不少宾客，他们见孔融小小年纪竟然说出这种话来，都觉得很惊异。不久，太中大夫陈韪到李膺家里来了。有人把刚才孔融说的话告诉了他，陈韪**不以为然**地说：“小时候聪明，长大了未必就杰出。”

聪明的孔融一听，马上回道：“这么说，您小时候很聪明了。”

宾客们听了更加感到惊奇，而陈韪则呆呆地坐在那儿，好久说不出一句话。

## 知识小卡片

### 孔融

孔融（公元 153 ~ 208 年），是孔子的第二十世孙。他能诗善文，文学成就比较突出，与陈琳（lín）、王粲（càn）、徐干、阮瑀（yǔ）、应玚（yáng）、刘桢（zhēn）并称为“建安七子”。孔融做官颇有政绩，为人刚直不阿，喜欢评议时政，言辞激烈，最终因触怒曹操惨遭杀害。

## 成语游戏

### 叠字乐园

下面都是叠字成语，快来完成游戏吧！

（ ）（ ）玉立　　（ ）（ ）私语　　（ ）（ ）相关

（ ）（ ）无闻　　（ ）（ ）起舞　　生机（ ）（ ）

风尘（ ）（ ）　　神采（ ）（ ）　　心事（ ）（ ）

## “年年”不同

方框内都是和人童年、老年有关的成语，请把它们填在对应的位置吧。

| | | |
|---|---|---|
| A. 天真无邪 | B. 鹤发童颜 | C. 白发苍苍 |
| D. 虎头虎脑 | E. 活蹦乱跳 | F. 容光焕发 |
| G. 风烛残年 | H. 青梅竹马 | I. 生龙活虎 |

童年 ____________________

老年 ____________________

## “年龄”成语

读一读，将下列的“年龄”成语补充完整。

老有所（　）　　小（　）了了　　童心未（　）

少不（　）事　　老大（　）伤（　）

# 过五关，斩六将

东汉末年，时局动荡，群雄并起，各路诸侯豪杰纷纷出兵，占据地盘，要统一天下。刘备和曹操就是其中两个杰出的人物。

这一年，曹操率领二十万大军攻打刘备。刘备兵败，与好兄弟关羽、张飞失散，不得已投奔了袁绍。再看张飞和关羽，张飞逃进了山里，关羽则保护着刘备的妻子。曹操十分欣赏关羽的才华和气概，就派张辽去劝降关羽。关羽考虑到当前的处境，同意暂时归附曹操，但是提出了三个条件：一是降汉不降曹；二是要确保嫂嫂的安全，好好侍养她们；三是一旦有了刘备的消息，他就要去找刘备，而曹操不能阻拦。

曹操爱慕人才，只好答应。为了让关羽真心归服，曹操对关羽十分热情，待他如上宾，不仅赐予金银珠宝，还封他做汉寿亭侯。关羽虽然感激曹操的优待，但始终不忘三兄弟桃园结义的情谊，**想方设法**地打听刘备和张飞的下落，希望三人能够再相聚。

有一日，关羽突然得知刘备的行踪，便立即向曹操辞行，谁知曹操**避而不见**。关羽只

**出处** 美髯公千里走单骑，汉寿侯五关斩六将。（《三国演义》第二十七回）

**释义** 比喻闯过重重难关而立下英雄业绩。

**近义词** 无　　**反义词** 无

**造句** 他一路过五关，斩六将，终于在比赛中赢得了冠军。

好**不辞而别**，带领部下保护着两位嫂嫂离开曹营，**快马加鞭**去投奔刘备。一路上，关羽凭着勇力和武艺，连续过了五处曹操所辖（xiá）的关隘，斩杀了六名拦路的曹操的部将，最终带领众人逃出曹操的势力范围，与刘备、张飞相见。

## 知识小卡片

### 桃园三结义

刘备字玄德，是汉朝皇室宗亲，为人宽仁忠厚；关羽字云长，为人忠义守信；张飞字翼德，为人脾气暴躁。东汉黄巾起义后，三人相识，因为情投意合，便在张飞家后面的桃园里，备下乌牛白马，祭告天地，焚香再拜，结为异姓兄弟，史称“桃园三结义”。

## 成语游戏

### 成语接龙

试一试，完成下面的接龙游戏。

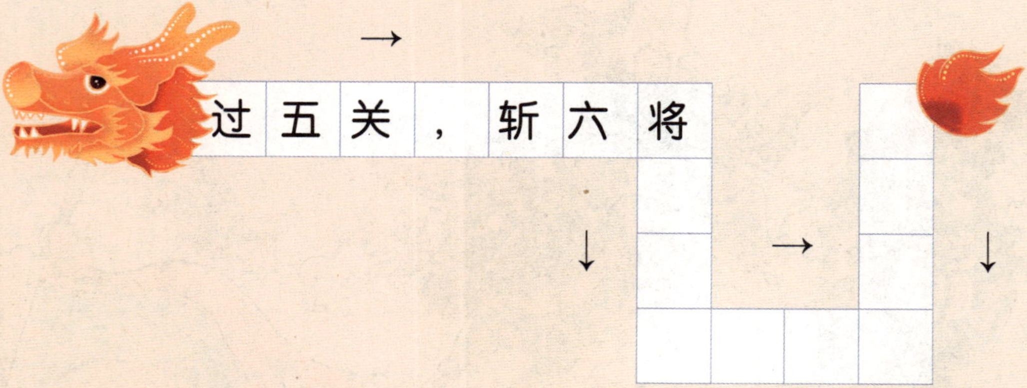

## 英雄气概

下列成语都是和英雄人物有关的，你能将它们补充完整吗？

赤（　）上阵　　刮（　）去毒　　千里走单（　）　　单（　）赴会

赴（　）蹈（　）　　冲锋（　）阵　　（　）五关，（　）六将

前仆后（　）　　以一（　）十　　纵横驰（　）　　出（　）入死

## 妙填成语

根据示例填写成语，看看你会发现什么奥秘吧。

例：（过）目不忘　快刀（斩）乱麻→过五关，斩六将

（　）衣无缝　画（　）为牢 → （　）

掉（　）轻心　挺（　）而出 → （　）

（　）不可攀　空穴来（　） → （　）

兴（　）问罪　寡不敌（　） → （　）

锦上添（　）　麻（　）不仁 → （　）

# 神机妙算

有一年，曹操率领大军南下，企图一举消灭孙权和刘备的势力，统一全国。孙权、刘备决定联合抗曹。孙权手下有个叫周瑜的大将，此人虽然**智勇双全**，却很自负，且心胸狭窄。他发现诸葛亮的智谋比自己高，心里十分嫉妒，便想找机会除掉诸葛亮。

有一天，周瑜故意把造箭的任务交给诸葛亮，要他在十天内造出十万支箭。诸葛亮说只要三天就可以完成任务，并立下军令

出处　鲁肃入见周瑜，备说孔明取箭之事。瑜大惊，慨然叹曰："孔明神机妙算，吾不如也！"（《三国演义》第四十六回）

释义　神机：惊人的机智；妙算：巧妙的谋划。指十分高明、巧妙的计谋。

近义词　料事如神　　反义词　束手无策

造句　由于他的神机妙算，这次任务取得了圆满成功。



状，若完不成任务甘愿受处罚。周瑜暗暗高兴，认为这是除掉诸葛亮的好时机，于是，他私下里吩咐军匠不要把造箭的材料准备齐全，同时派部下鲁肃去诸葛亮那里探听虚实。

鲁肃见到诸葛亮。诸葛亮请鲁肃借给他二十只船，每只船上配三十名士兵，船要用青布幔（màn）子遮起来，还要在船的两侧放一千多个草人。诸葛亮叮嘱鲁肃，千万不要把这事告诉周瑜。鲁肃答应了，并按照诸葛亮的要求把东西都准备好了。两天过去了，诸葛亮没有任何行动。到了第三天凌晨，诸葛亮秘密地把鲁肃请到船上，说是一起去取箭。

江上大雾弥（mí）漫，诸葛亮吩咐把船用绳索连起来，向对岸开去。当船驶近曹军水营时，诸葛亮下令把船一字摆开，然后叫士兵擂鼓呐喊。曹操大惊，以为是敌军前来偷袭，急忙调集弓箭手朝江中放箭。瞬间箭如雨发，纷纷射在草人上。过了一会儿，诸葛亮下令掉转船头，让船的另一面受箭。

太阳出来了，雾要散了，诸葛亮命令把船往回开。此时，船上的草人上**密密麻麻**地插满了箭，数目远不止十万支。回来后，鲁肃把借箭的经过告诉了周瑜，周瑜慨然长叹道："诸葛亮**神机妙算**，我不如他呀！"

## 知识小卡片

### 既生瑜，何生亮

在《三国演义》中，周瑜与诸葛亮堪称一对冤家，因为立场不同，二人曾多次展开交锋，但周瑜的智慧比诸葛亮稍逊一筹，因此每次设计都被诸葛亮识破。第五十一回中，诸葛亮三气周瑜，最后竟把周瑜给气死了。周瑜临死前叹息道：“既生瑜，何生亮！”

## 成语游戏

### 成语歇后语

下面的歇后语都是和周瑜、诸葛亮有关的，请根据歇后语的引子，写出相应的成语谜底。

| | |
|---|---|
| 诸葛亮皱眉头 | |
| 孔明的计策 | |
| 周瑜骗孔明 | |
| 诸葛亮三气周瑜 | |
| 周瑜打黄盖 | |
| 诸葛亮哭周瑜 | |

## 对号入座

下面是一些谋略家及其使用过的计策，试着连线吧。

| | |
|---|---|
| 韩信 | 草船借箭 |
| 孙膑 | 苦肉计 |
| 诸葛亮 | 暗度陈仓 |
| 周瑜 | 围魏救赵 |

## 数字拼图

在方框内填入合适的字，按箭头所指的方向组成成语。

←

| | | | |
|---|---|---|---|
| 算 | | 机 | |
| | | | |
| 遗 | | | |
| | 马 | | 鞭 |
| | | | |
| | | | 入 |
| 合 | | | 里 |

→

| | | | |
|---|---|---|---|
| 神 | | 广 | |
| | | | |
| | | | 过 |
| 步 | | 而 | 望 |
| | | | |
| 如 | | | |
| | 樯 | | 壁 |

# 万事俱备，只欠东风

曹操率领八十万大军驻扎在长江中游的赤壁，孙刘联军与曹军隔江对峙（zhì）。当时，孙权和刘备的兵力加起来才十万人，远不是曹操的对手，要想获胜，只能靠智取。刘备的军师诸葛亮和孙权的大将周瑜，一起研究攻打曹操的对策，他们**不谋而合**，都认为采取火攻的办法最好。

确定了作战方案后，周瑜便开始了准备工作。可是，当一切准备好了以后，周瑜却碰到了一个难题。当时曹操的船只都停在长江北岸，而孙刘的船只停在南岸。要想对北岸的曹军放火，必须借助东南风才行。但是时值冬季，天天刮西北风，若是采用火攻的话，不但烧不到曹操，反而会烧到自己。周瑜眼看计策无法实现，焦灼万分，最后竟然急得病倒了。

诸葛亮知道周瑜的心事，便去拜访他，说自己有个药方可以治好他的病。诸葛亮让人拿来纸笔，写下十六个字，递给周瑜。这十六个字是：欲破曹公，宜用火攻；**万事俱备**，**只欠东风**。

周瑜见诸葛亮猜中了自己的心思，就请求诸葛亮帮忙。诸葛亮通晓天文，他预测到最近

**出处** 孔明索纸笔，屏退左右，密书十六字曰：“欲破曹公，宜用火攻；万事俱备，只欠东风。”（《三国演义》第四十九回）

**释义** 比喻一切都已齐备，只差最后的一个重要条件。

**近义词** 无　　**反义词** 八字没一撇

**造句** 万事俱备，只欠东风，只要汽车一到，我们就可以出发。

几天会刮东南风，就对周瑜说：“我有**呼风唤雨**的本事，可以给你借来**三天三夜**的东南风。”周瑜听了兴奋地说：“只要一夜东南风就够了。”

周瑜马上命人做好火攻的准备，只待诸葛亮借来东南风，就立即出兵。诸葛亮让周瑜修筑了一座七星坛，然后登坛烧香，祈求东风。

到了半夜，果然东南风大作，周瑜连忙下令执行火攻。周瑜的部将黄盖带人驾着十几只火船冲进曹军水寨放火，曹军的战船很快烧了起来，不久就烧个精光，连岸上的营寨也被烧着，兵马损失无数。曹操吃了败仗，仓皇逃回到北方。

## 知识小卡片

### 赤壁之战

赤壁之战是著名的以少胜多的战役，是第一次在长江流域进行的大规模江河作战。此战具有重要的军事和历史意义，它使曹操元气大伤，刘备和孙权的势力迅速壮大，奠定了后来魏、蜀、吴三国鼎立的基础。在《三国演义》中，围绕赤壁之战涌现了许多精彩故事，如“诸葛亮舌战群儒”“诸葛亮草船借箭”“关云长义释曹操”等。

## 成语游戏

### 隐藏的成语

下图中隐藏着两条成语，你能把它们找出来吗？

| | | | |
|---|---|---|---|
| 备 | 东 | 施 | 己 |
| 于 | 万 | 欲 | 风 |
| 只 | 勿 | 事 | 不 |
| 所 | 人 | 欠 | 俱 |

# 八字成语

下面都是八个字的成语，把它们补充完整吧！

出其不____，攻其不____

城门失____，殃及池____

____尺竿头，更____一步

一夫当____，万夫____开

当局者____，旁观者____

____于忧患，____于安乐

差之____厘，谬以____里

得人者____，失人者____

# 赔了夫人又折兵

赤壁之战后，刘备为了壮大势力，站稳脚跟，跟孙权借走了荆州。后来，刘备的势力壮大了些，孙权就想向他索回荆州，刘备却一直借故不还。孙权很恼火，想用武力夺回，但又怕打不赢。

这时，恰逢刘备的夫人甘夫人病逝，周瑜便向孙权献计，让他用妹妹孙尚香为饵，以招亲的名义把刘备骗到东吴为人质，然后再用他去换荆州。孙权同意了，派大臣吕范去荆州请刘备。

吕范到了荆州，说明来意，诸葛亮一眼就识破了骗局，但他决定**将计就计**。诸葛亮叫刘备答应下来，并派大将赵云率领五百精兵护送。临行前，诸葛亮交给赵云三个锦囊妙计，并告诉他遇到情况就打开对应的锦囊。

**出处** 周瑜急急下得船时，岸上军士齐声大叫曰：“周郎妙计安天下，赔了夫人又折兵！”（《三国演义》第五十五回）

**释义** 赔：亦作“陪”；折：损失。比喻不但没占到便宜，反而受到双重损失。

**近义词** 鸡飞蛋打 **反义词** 一箭双雕

**造句** 他投机不当，不但没赚到钱，反而亏得倾家荡产，真是赔了夫人又折兵。

到达东吴后，赵云按照吩咐拆开了第一个锦囊，并依计将刘备准备娶孙尚香的消息传扬了出去。很快，满城的人都知道了这件事。孙权的母亲吴国太听说后，立刻去问孙权原因，孙权只好说出了实情。吴国太大怒，狠狠地斥责了孙权。第二天，吴国太到甘露寺去见了刘备，却意外对他很满意，并做主把女儿嫁给了他。

周瑜见计策落空了，就又想出一计，让孙权用奢靡（mí）的生活来腐蚀（shí）刘备，使他不愿回荆州。果然，刘备中计了。赵云见状，焦急地又拆开了第二个锦囊，便依计跟刘备说曹操要讨伐荆州，军师等他回去商议大事。刘备听后**大吃一惊**，随后在孙夫人的建议下，决定下午就秘密返回荆州。

第二天，孙权知道此事，连忙派人去追，周瑜也带兵在路上堵截。危急时刻，赵云拆开了第三个锦囊，并把妙计告诉了刘备。刘备依计请孙夫人出面，喝退了前来堵截的东吴将领。等将领报告孙权，孙权再派人来阻拦时，刘备一行已经登上了诸葛亮前来接应的小船。周瑜追赶上去，结果被孔明设下的伏兵打得**落花流水**，急忙登船逃走。

孔明得了便宜还卖乖，让蜀军齐声大喊道：“周郎妙计安天下，**赔了夫人又折兵**。”周瑜听到这句话，恼羞成怒，大叫一声，喷了一口鲜血，立时昏倒在地。

## 知识小卡片

### 单骑救主

赵云字子龙，是继关羽、张飞之后最早追随刘备的将领，以忠勇著称于世，被誉为“虎威将军”。东汉建安十三年（公元 208 年），曹操追击刘备于长坂坡，随军眷属都被曹军所困，赵云抱着刘备之子刘禅，浴血奋战，力保甘夫人突围，最终使二人幸免于难。

## 成语游戏

### 七字成语

下面的成语都是七个字的，把它们填写完整吧。

一寸 ____ ____ 一寸 ____

____ 不同，不相为 ____

打破 ____ ____ 问到 ____

____ ____ 之内皆 ____ ____

____ 铃还须 ____ 铃人

三人 ____ 必有 ____ ____

## 成语反义词

两端各有一个成语，构成一对反义词，请你把成语补充完整。

| | |
|---|---|
| □了夫人又□兵 | 一箭双□ |
| 不□下问 | □为人师 |
| 词不□意 | 一□见血 |
| 手□脚□ | 有条不□ |

## 慧眼识“兵”

小勇做作业遇到难题了，你能帮他解决吗？

（提示：将含“兵”字的成语补充完整，然后连线。）

| | |
|---|---|
| A. □兵必胜 | a. 兵器 |
| B. 兵不厌□ | b. 军队 |
| C. 短兵相□ | c. 战争 |
| D. □□皆兵 | d. 用兵 |
| E. 兵□马乱 | e. 士兵 |

# 单刀赴会

孙权从刘备那里要不回荆州，**怒不可遏**（è）。鲁肃给他出了个主意，让他请看守荆州的关羽前来赴宴。如果关羽来了，就好言劝说他归还荆州；如果他坚持不还，就把他杀掉。孙权听从了鲁肃的建议，让他负责这件事。

鲁肃立刻派人给关羽送来一张请帖，关羽看了以后，决定参加宴会。关羽的儿子关平说："鲁肃明显**不怀好意**，父亲为什么要答应呢?"关羽笑道："我当然知道鲁肃的计谋啦，他想在宴会上趁机索回荆州。明天我一个人驾船前往，带十几个随从，再带一把大刀，看他能把我怎么样?"

第二天，关羽带着护卫周仓渡江赴宴。宴会进行到一半时，鲁肃开口说话了。他含蓄地提出归还荆州的事，周仓在下面插了一句，关羽顿时脸色大变，从周仓手里夺过大刀，呵斥道："这是国家大事，哪里轮得到你多嘴，还不快给我滚出去!"周仓明白关羽的意思，马上跑到岸边，举起红旗挥舞了几下。关平见到信号，立即驾着小船朝江东驶来。

**出处** 吾来日独驾小舟，只用亲随十余人，单刀赴会，看鲁肃如何近我！（《三国演义》第六十六回）

**释义** 单刀：单人持刀。本指三国时蜀将关羽携带单刀独自往见鲁肃的故事。泛指独自前往。

**近义词** 孤军深入 **反义词** 蜂拥而至

**造句** 为了尽快结束战争，他决定单刀赴会。

关羽右手提刀，左手挽着鲁肃的胳膊，假装喝醉了酒，说："我现在喝醉了，荆州的事，咱们改天再谈。"鲁肃早已吓坏了，被关羽一路拉着来到了江边。上船的时候，关羽才放开鲁肃，然后乘船而去。鲁肃一动不动地站在那儿，好半天才缓过气来。

## 知识小卡片

### 关羽

关羽（？～公元 220 年），字云长，河东郡解县（在今山西运城）人。他和刘备、张飞是结拜兄弟。关羽为人勇武，且讲义气，有“武圣”“义绝”之称。他参加过官渡之战、赤壁之战等著名战役。公元 219 年，关羽北上攻打曹操，曹操拉拢孙权进攻关羽，在曹军和吴军的谋划下，关羽败走麦城，最后被吴军捉住杀害。

## 成语游戏

### 看图猜成语

观察下面的图片，猜对应的成语。

成语：

成语：

成语：

成语：

## “单”“双”填成语

从方框内选择恰当的字填入空格，组成成语。

单 只 独 孤 双 偶 对 两

祸不（　）行　　无（　）有（　）　　（　）军奋战　　人财（　）空

（　）言片语　　（　）刀直入　　势（　）力薄　　比翼（　）飞

判若（　）人　　（　）木不成林　　天生一（　），地造一（　）

## 兵器成语

下列成语中有很多兵器，请试着写一写。

单（　）赴会　　强（　）之末　　明（　）暗（　）

无的放（　）　　自相（　）盾　　大（　）阔（　）

# 一马当先

刘备和曹操为了争夺汉中爆发了战争，这一天，刘备派老将黄忠去攻打夏侯渊、张郃（hé）驻守的定军山。

黄忠率领大军来到定军山脚下，多次与敌军交战，都没有攻下定军山，于是便决定找法正商议对策。

法正指着定军山西面的一座高山说："您瞧这座山，它比定军山高很多，若是把它攻下来，**居高临下**，就能清楚地瞧见定军山上的情况，这样拿下定军山就**易如反掌**了。"黄忠深以为妙。随后他朝那座高山观察了一阵，见山上只有少量敌军，便决定当天夜里就去攻山。

半夜，黄忠带领士兵占领了山头，法正对黄忠说："老将军，请您带领军队守在半山腰，我在山顶上监视敌人。如果明天夏侯渊的军队来攻打咱们，我就举旗帜向您示意。举的若是白旗，您就不出战；举的若是红旗，您就立即冲下山去狠狠地打。这样，肯定能够获胜。"黄忠大喜，点头答应。

夏侯渊得知对面的高山失守，气得**咬牙切齿**，准备出兵把山夺回来。张郃劝他说这是

**出处** 黄忠一马当先，驰下山来，犹如天崩地塌之势。（《三国演义》第七十一回）

**释义** 策马走在最前面。形容领先，走在前列。

**近义词** 身先士卒　**反义词** 畏缩不前

**造句** 她平时不声不响的，但在关键时刻总是一马当先。

法正的计谋，千万不能出去，应当坚守。可是夏侯渊怎么也听不进去，他带着一支军队下了山，把对面那座高山围住，大声叫骂，向黄忠挑战。法正在山顶举起白旗，黄忠看到信号，任凭对方辱骂，就是不出战。过了中午，法正发现曹军疲劳了，好多士兵都下马休息，于是急忙挥动起红旗。黄忠见状，下令击鼓鸣金，发起进攻。随着一片喊杀声，黄忠策马奔下山去，将士们紧随其后。夏侯渊还没有反应过来，黄忠就已经冲到他面前，随后将他杀死了。

黄忠斩杀夏侯渊后，夺下了定军山，为刘备夺取汉中扫清了障碍。

## 知识小卡片

### 夏侯渊和张郃

夏侯渊和张郃都是曹操麾下的得力将领。夏侯渊早年随曹操四处征战，虽然作战勇猛，却不讲究谋略，曹操称他为“白地将军”，即不懂得用兵的将军。张郃则深谙（ān）兵法，用兵手段随机应变，而且善于列营阵、估形势、用地形，刘备军中包括诸葛亮都很忌惮（dàn）他。

## 成语游戏

### 有趣的成语算式

下面是一些成语算术题，去试着做一做吧。

（　）古长青 ÷ （　）马奔腾 = （　）诺千金

（　）花齐放 × （　）里挑一 = 千山（　）水

思绪万（　） − 成百上（　） = 化整为（　）

文房（　）宝 + （　）体投地 − （　）面玲珑 = （　）盘散沙

# 迷路的小马

小马不慎误入方格田正中间，你能帮助它顺利走出来吗？

| | | | | | |
|---|---|---|---|---|---|
| 是 | 非 | 曲 | 直 | 捣 | 黄 |
| 皆 | 声 | 夺 | 人 | 来 | 龙 |
| 比 | 先 | 声 |  ↓ | 人 | 马 |
| 比 | 当 | 马 | 一 | 往 | 精 |
| 昔 | 非 | 今 | 来 | 古 | 神→ |

# 七擒七纵

公元 223 年，蜀国皇帝刘备逝世，他的儿子刘禅（shàn）登上皇位。刘禅登基没多久，蜀国南部的少数民族就发动了叛乱。

公元 225 年，诸葛亮亲自率军去南方平叛。叛军首领名叫孟获，诸葛亮听说他勇敢坚强，待人忠厚，在少数民族中深得人心，就想把他招降过来。于是，诸葛亮叮嘱将士们，作战时对孟获只能活捉，不可伤害。

孟获虽然英勇，但是**有勇无谋**。刚和蜀

**出处** 孟获垂泪言曰："七擒七纵，自古未尝有也。吾虽化外之人，颇知礼义，直如此无羞耻乎？"（《三国演义》第九十回）

**释义** 擒：捉住；纵：释放。用以比喻运用策略，使对方心服。

**近义词** 欲擒故纵 **反义词** 无

**造句** 诸葛亮通过七擒七纵，把孟获征服了。

军交战，他就被诸葛亮设计生擒（qín）了。孟获料想必死无疑，没想到诸葛亮却亲自为他松了绑。诸葛亮陪着孟获一起观看布置好的军营，并问他："孟将军，你瞧我这支军队怎么样？"

孟获见军营里都是些**老弱残兵**，于是傲慢地说："以前我不知道虚实，才会吃了败仗。现在看了你们的军营，也不过如此。下次再战的话，绝对能够赢你！"诸葛亮笑着说："那好吧，我就放你回去。你整顿好兵马以后，咱们再比个高低！"

孟获回去整顿军队再战，结果又被诸葛亮活捉了。孟获不肯归附，诸葛亮就又把他放了。就这样，一连捉了七次，又放了七次。第七次被蜀军捉住时，他终于服了，说："丞相对我**七擒七纵**，这是历史上从未有过的事。丞相如此厚待我，我没有脸再回去了。"于是，他带着众部落归顺了蜀汉。

诸葛亮设宴招待了孟获等人，依旧让孟获做蜀国南部少数民族的首领，管理他原来的地区。此后，蜀国南部的少数民族和蜀汉和谐相处，再也没有生出过事端。

## 知识小卡片

### 白帝城托孤

公元 221 年，刘备在成都登上皇位，建立蜀国。刘备刚称帝，就以为关羽报仇为名义，率领大军攻伐东吴。战败后，刘备逃往白帝城，在白帝城一病不起，于是把诸葛亮召来吩咐后事，并将儿子刘禅托付给他。不久，刘备病死，刘禅即位。

## 成语游戏

### 巧填成语

下列成语中有两个字是一模一样的，将它们补充完整吧。

（ ）话（ ）说　　（ ）紧（ ）慢　　（ ）时（ ）地

自（ ）（ ）人　　不（ ）（ ）之　　顾虑（ ）（ ）

余音（ ）（ ）　　（ ）外有（ ）　　（ ）所欲（ ）

## 趣味算术

下面是一些有趣的成语“算术题”，看看你能做出几个。

（ ）擒（ ）纵 ⊖ （ ）天（ ）头 ⊜ （ ）分（ ）裂

（ ）信（ ）疑 ⊕ （ ）推（ ）就 ⊜ （ ）点（ ）滴

（ ）张（ ）驰 ⊗ （ ）心（ ）意 ⊜ （ ）言（ ）语

（ ）依（ ）顺 ⨸ （ ）无（ ）用 ⊜ （ ）战（ ）胜

## “ABAC 式”成语

请根据举例，写出其他 ABAC 式成语。

例：七擒七纵

A ____________　B ____________　C ____________

# 空城计

司马懿夺取街亭后，率领十五万大军向诸葛亮所在的西城蜂拥而来。当时，诸葛亮身边没有一员大将，只有五千士兵，而且这些士兵中有一半搬运粮草去了。大家听说魏军来了，心想这下可完了。

诸葛亮登上城楼眺望，只见魏军分两路向西城杀来，所过之处尘土飞扬，遮天蔽日。诸葛亮马上传

**出处**　“孔明传令：‘……如魏兵到时，不可擅动，吾自有计。’”孔明乃披鹤氅（chǎng），戴纶（guān）巾，引二小童携琴一张，于城上楼前，凭栏而坐，焚香操琴。（《三国演义》第九十五回）

**释义**　指故意让人生疑而不敢下手，以掩盖虚弱，挽救自己。

**近义词**　无　　**反义词**　无

**造句**　他足智多谋，用空城计把敌军吓走了。

令：把旗子都藏起来；城里的士兵不可随意走动和大声喧哗；立刻打开四面城门，每个城门口安排二十名士兵，装扮成老百姓的样子打扫街道，魏军来了以后，不可自乱阵脚。吩咐完以后，诸葛亮就披上大衣，戴上头巾，领着两个童子走到城楼之前，坐下来弹琴。

不一会儿，司马懿的先头部队来到了城下，看到城中的景象，不敢再往前行进，于是急忙返回报告司马懿。司马懿不相信，便命令大军停在原地，自己骑马前去观看，果然如报告所说，于是赶紧撤兵了。司马懿的儿子司马昭看到此种情景，却说：“为什么要退兵呢？只怕是诸葛亮手上没兵，故意做给咱们看的。”

司马懿说：“诸葛亮向来谨慎，他从来不做冒险的事。现在城门敞开着，里面肯定设了埋伏。咱们若是进去的话，正好中了他的计。”于是，他就率领大军退走了。

诸葛亮见魏军撤退了，哈哈大笑起来。众人都觉得惊奇，便问诸葛亮原因。诸葛亮说：“司马懿知道我一生谨慎，不敢冒险。今天我让敞开城门，他怀疑我在城里设了埋伏，所以不敢进兵，急忙撤走了。其实，这次我也不愿冒险，只是**迫不得已**，没有其他的办法。”大家听了无不称赞。

## 知识小卡片

### 司马懿

司马懿（公元 179 ~ 251 年），字仲达，三国时期曹魏的政治家、军事家。他擅长谋略，多次征伐有功，是诸葛亮的主要对手之一。司马懿辅佐过魏文帝曹丕（pī）、魏明帝曹叡（ruì）和魏少帝曹芳三任皇帝。魏少帝时期，他发动政变，架空魏国皇室，掌握大权，为后来西晋王朝的建立打下了基础。

## 成语游戏

### 三字成语

下面的成语都是三个字的，请根据意思，将它们补充完整。

01 第一次出现的事　　□天荒

02 比喻说大话　　□牛皮

03 掩盖空虚，骗过对方的策略　　□城计

04 听到后不放在心上的话　　耳旁□

05 经常挂在嘴边的话　　口头□

06 讨好人　　□马屁

## 课程表

下面是某班级星期五的课程表。将每组成语补充完整，看看都有哪些课程吧。

第一节课：（　　）雄本色　　闲言碎（　　）

第二节课：浑身解（　　）　　品（　　）兼优

第三节课：照本宣（　　）　　牙牙（　　）语

第四节课：（　　）不惊人　　大做（　　）章

第五节课：空城（　　）　　如意（　　）盘　　危（　　）四伏

## “谋略”成语

下列成语都是谋略计策，根据文字提示，把它们放在对应的位置吧。

关门捉贼　借刀杀人　调虎离山　浑水摸鱼

A. 引诱对方离开原地　＿＿＿＿

B. 趁着混乱夺取胜利　＿＿＿＿

C. 先围困，后剿灭　＿＿＿＿

D. 利用别人除掉对手　＿＿＿＿

# 喜不自胜

相传很久很久以前，在东胜神洲傲来国有一座花果山，山上住着一只从石头里蹦出来的石猴，他聪明勇敢，很快就成了花果山猴子的大王，众猴尊称他为“美猴王”。

美猴王在花果山快乐地生活了几百年。有一天，他突然想学习**长生不老**之术，便决定到海外拜师学艺。他漂洋过海，历尽艰辛，最后来到了西牛贺洲，成为菩提祖师的弟子。祖师给他取了个法名叫“孙悟空”，从此，他便跟着众师兄一起听师父讲经，空闲的时候就做些扫地挑水的活儿。

**不知不觉**六七年过去了。这一天，祖师又登台讲道。孙悟空在旁边听着，高兴得**抓耳挠腮**，**眉开眼笑**，手脚不停地在动，祖师看到了，就问他：“你怎么不好好听讲，**手舞足蹈**的做什么？”孙悟空回答：“弟子认真听讲，方才听到精彩处，**喜不自胜**，希望师父您别怪罪。”祖师又问：“你今天想从我这儿学点什么呢？”孙悟空说：“师父您教什么，弟子就学什么。”祖师说了好几门道术，孙悟空听说学了都不能让人长生不老，就马上摇头回绝。祖师十分生气，一下子跳下高台，拿着戒尺指着孙悟空说：“你这猴子，这也不肯学，那也不肯学，那你想学什么？”说完走上前去，用戒尺在他头上打了三下，然后倒背着手，走入里间，

**出处** 悟空道：“弟子诚心听讲，听到老师父妙音处，喜不自胜，故不觉作此踊（yǒng）跃之状。望师父恕罪！”（《西游记》第二回）

**释义** 胜：能承受。高兴得自己都受不了。形容喜悦到了极点。

**近义词** 欣喜若狂、乐不可言 **反义词** 怒不可遏、怒火中烧

**造句** 听了老师的夸奖，他喜不自胜。

将中门关闭。

众弟子见师父生气了，感到很害怕，纷纷抱怨孙悟空。孙悟空一点儿也不气恼，反而十分高兴。原来祖师打了个哑谜，打他三下，是让他三更时分起来，祖师倒背着手，走入里间，将中门关闭，是让他从后门进去，要私下里教给他道术呢。孙悟空猜出了祖师的用意，也不和师兄们争论。

到了晚上，大约三更时分，他悄悄地从后门进去见祖师。祖师见他聪明又好学，就把长生不老的法术传给了他。

# 知识小卡片

## 花果山水帘洞

在《西游记》中，水帘洞是花果山上一个天然的石洞，是一块风水宝地，洞口有一股瀑布飞泉，洞内有石锅石灶、石碗石盆、石床石凳等，家当齐全。孙悟空出世没多久，就带领群猴进入了水帘洞，把这里作为居住的场所，他也因此被群猴奉为大王。孙悟空随唐僧西天取经后，就很少回水帘洞了。

# 成语游戏

## 快乐大家庭

下列成语都是和“快乐”有关的，拿起笔把它们补充完整吧！

（ ）飞（ ）舞　　（ ）上眉梢　　欣喜若（ ）　　（ ）花怒放

手（ ）足（ ）　　欢呼（ ）跃　　（ ）不自胜　　（ ）逐颜开

（ ）蹦乱跳　　抚（ ）大笑　　（ ）天（ ）地

## 表情符号猜成语

观察下图的表情符号，把成语填写完整。

（提示：根据表情填写汉字。）

____形于色

痛____流涕

____气冲天

____眉不展

## 成语风车

在下面的图形中填入适当的字，使由中心向外部组成成语，快来练练手吧。

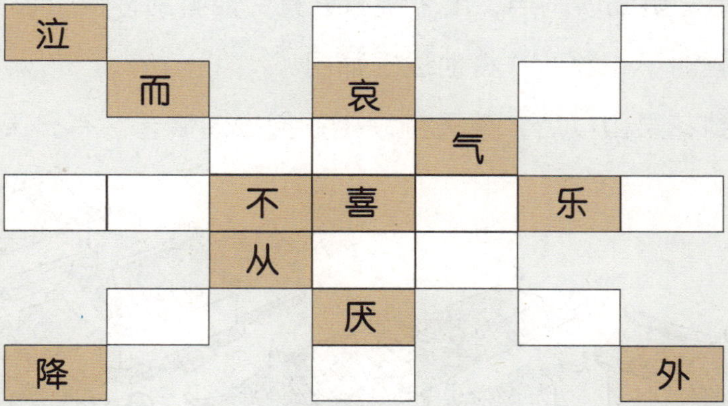

# 光天化日

孙悟空学会长生不老之术后，祖师又教给了他七十二般变化的法术和驾筋斗云的本领。

这一天，孙悟空和师兄们坐在松树底下聊天，大家听说孙悟空学会了变化的法术，就让他变个东西看看。孙悟空很高兴，便得意地念动咒语，变成了一棵松树。大家见了，都鼓掌喝彩。祖师听到吵闹声，出来察看究竟，他看到孙悟空在卖弄本领，十分生气，就把他狠狠地教训了一顿，并将他逐出师门。

孙悟空回到花果山以后，整天带领小猴们操演武艺。有一天，他在休息的时候忽

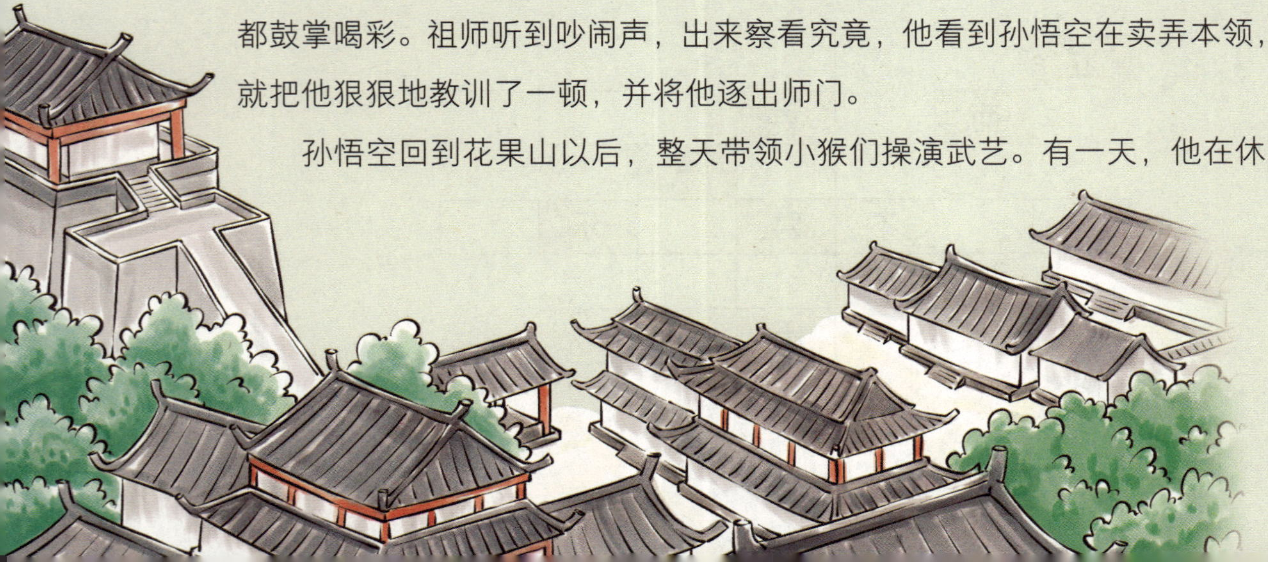

**出处** 果见那厢有座城池，六街三市，万户千门，来来往往，人都在光天化日之下。（《西游记》第三回）

**释义** 光天：日光充满天空，指白天；化日：太阳光，指太平日子。原指繁荣兴盛的太平时代。后用以比喻大白天众人都看得清楚的场合。

**近义词** 青天白日　**反义词** 暗无天日、昏天黑地

**造句** 光天化日之下，他竟然抢夺财物，真是胆大至极！

然想道："我们在这里操练，使用的都是竹竿和木刀，假如有一天有人说我们造反了，来攻打我们，我们该怎么抵挡呀？"他把自己的想法告诉了大家，众猴听了**无所适从**。这时候，有几只老猴走过来，告诉孙悟空，说在花果山东面二百里的地方，有一座城池，在那里或许可以买到兵器。孙悟空听了大喜，随即一个筋斗云，瞬间就飞出二百里。

他从云上往下看，果然看到有一座城池。街市上热闹极了，房屋**鳞次栉**（zhì）**比**，人们**来来往往**，在**光天化日**之下，看得十分清晰。孙悟空心里想："这里肯定有不少现成的兵器，我与其去买几件，还不如使个神通拿几件呢。"于是他念起咒语，向地上吸一口气，立刻就刮起一阵狂风，沙石乱飞，吓得满城的人都关上了门，不敢出去。孙悟空趁机按落云头，找到存放兵器的地方，发现里面果然有许多兵器。他自己拿不了多少，就拔下一把毫毛，变出许多只小猴，力气大的拿五六件，力气小的拿两三件，一会儿就把兵器搬空了。孙悟空又略施法术，带着小猴和兵器回了花果山。众猴得了兵器，操练得更勤奋了。

## 知识小卡片

### 七十二变和筋斗云法术

在孙悟空的本领中，最著名的要数七十二般变化和筋斗云法术。《西游记》中没有指明什么是七十二变，不过从作者的描述中可以看出“变”的内容：可以变成动植物或人神妖魔；可以“拔一根毫毛，吹出猴万个”；可以把东西变大、变小、变长或者变短；等等。筋斗云也很厉害，一个筋斗就能远去十万八千里。

## 成语游戏

### 成语里的日月星辰

下面都是和天文有关的成语，快把它们补齐吧。

如（　）中天　　（　）转（　）移　　众（　）拱（　）　　夸父追（　）

披（　）戴（　）　　大步（　）（　）　　寥若晨（　）　　（　）（　）如梭

花好（　）圆　　（　）罗棋布　　明（　）清风　　暗无天（　）

## 成语猜国名

在方框内填入国家名，使每行有两个成语，快来挑战吧！

歌功颂□□富民安

光天化□□末倒置

之乎者□□庭若市

石沉大□□动山摇

塞北江□□同儿戏

名垂千□□山夜雨

## 猜历史人物

将下面的成语填写完整，看看都有哪些历史人物。

虚□声势　　□态万方

人命□天　　□化登仙

各□其职　　蛛丝□迹　　□天化日

□晋之好　　隔岸□火

大家风□　　相辅相□　　庞然□物

# 三头六臂

孙悟空和小猴们在花果山自在地生活着，唯一令他不满意的是，自己没有一件称心的兵器。手下的老猴让他去找东海老龙王要一件，于是他闯进龙宫，拿走了镇海之宝——如意金箍（gū）棒。之后，他又大闹阎罗殿。老龙王和阎王憋了一肚子气，跑去天庭状告他。玉帝为了约束和控制孙悟空，把他召到天宫，让他做了弼马温，管理天马。没多久，孙悟空嫌官太小，私自回了花果山。玉帝大怒，派**天兵天将**去捉拿孙悟空，结果被孙悟空打败。为了减少损失，玉帝派太白金星去讲和，把孙悟空封为齐天大圣，并让他在天庭看管蟠（pān）桃园。

有一天，孙悟空偷吃蟠桃时，听说王母娘娘要在瑶池举行蟠桃

**出处** 他即摇身一变，变做三头六臂；把如意棒幌（huǎng）一幌，变作三条；六只手使开三条棒，好便似纺车儿一般，滴流流，在那垓（gāi）心里飞舞，众雷神莫能相近。（《西游记》第七回）

**释义** 原指佛的法相。后比喻非凡的本领。

**近义词** 神通广大 **反义词** 碌碌无能

**造句** 就算他有三头六臂，我也不会感到害怕。

盛会，于是变成赤脚大仙的模样去了瑶池。孙悟空在瑶池大吃大喝了一通，之后又**迷迷糊糊**地闯进太上老君的炼丹房，把满满五葫芦的仙丹吃得一粒不剩。孙悟空酒醒后，发现自己闯了大祸，便一个筋斗逃回了花果山。

玉帝得知后气得**咬牙切齿**，派出**千军万马**去捉拿孙悟空，孙悟空**势单力薄**，最终被捉回天庭。玉帝下令把孙悟空绑在降妖柱上，刀砍斧劈，雷打火烧，但是这些都伤不到他。太上老君提议把孙悟空交给他，关进八卦炉中熔炼，玉帝点头同意了。

太上老君把孙悟空带到兜率宫，将他推入八卦炉中，然后命童子使劲扇火。四十九天过去了，太上老君以为孙悟空早就化成了灰烬（jìn），就下令打开炉门，谁知孙悟空不但没被烧死，还炼就了一双**火眼金睛**。他一下子跳出了八卦炉，掏出金箍棒，一路打向灵霄宝殿。三十六位雷神将孙悟空围在中间，孙悟空越战越勇，他**摇身一变**，变作**三头六臂**，使着三根金箍棒，在那些雷神当中飞舞，弄得众雷神无法近身。玉帝见制伏不了孙悟空，急忙派人请来如来佛祖。最后，孙悟空被如来佛祖压在了五行山下。

## 知识小卡片

### 如意金箍棒

如意金箍棒本是大禹治水时用来定江海深浅的一个定子，在东海时约有斗来粗，二丈余长，重一万三千五百斤。孙悟空得到金箍棒以后，将其用作兵器，缩小为丈二长短、碗口粗细，平时不用时就变成绣花针藏在自己的耳朵里。金箍棒的威力很大，《西游记》中说“挽着些儿就死，磕着些儿就亡，挨挨皮儿破，擦擦筋儿伤”。

## 成语游戏

### 人体部位填成语

将下列带人体部位的成语补充完整。

埋（　）苦干　　左膀右（　）　　游（　）好闲

指（　）画（　）　　捶（　）顿（　）　　承欢（　）下

## 神话人物

你知道哪些神话人物呢？下面的成语都是和神话人物有关的，你能猜出它们对应的神话人物是谁吗？

开天辟地 ______

炼石补天 ______

碧海青天 ______

三头六臂 ______

水漫金山 ______

火眼金睛 ______

## 数字成语

下面是一些含有数字的成语，把它们补充完整，看看有什么规律。

第一组：一____风顺　　家____四壁　　十____埋伏

第二组：举一____三　　九五之____　　五脏六____

第三组：七____八十　　九九____一　　三____五____二

第四组：三三________　　________八八

# 耳红面赤

转眼间，孙悟空被压在五行山下五百多年了。这一年，唐朝和尚唐僧奉命去西天取经，路过五行山时把孙悟空救了出来。孙悟空拜唐僧为师，唐僧给他取了一个新名字——孙行者。

这一天，师徒二人正在赶路，突然从路边跳出一伙强盗，孙悟空抡（lūn）起金箍棒，把他们全都打死了。唐僧见了很不高兴，批评他太鲁莽，孙悟空一赌气，驾着筋斗云走了。唐僧没办法，只好独自前行。

不久，观音菩萨来到唐僧身边，给了他一套衣帽，并传授给他《紧箍咒》，用来约束孙悟空。之后，观音菩萨又劝孙悟空回到了唐

**出处** 三藏又恐怕他掯断了，口中又念起来，他依旧生疼，疼得竖蜻蜓，翻筋斗，耳红面赤，眼胀身麻。（《西游记》第十四回）

**释义** 赤：红。耳朵和脸都红了。形容因羞愧、激动、焦急、发热而脸色涨红的样子。

**近义词** 面红耳热 **反义词** 面不改色、神色自若

**造句** 小王觉得十分丢脸，耳红面赤地低着头，不发一言。

僧身边。

孙悟空见唐僧还没吃饭，就从包袱里给他拿干粮。他解开了包袱，发现里头有一套漂亮的衣帽，心里十分喜欢。唐僧说："那是我小时候穿戴的。你要是能穿的话，就拿去穿吧。"孙悟空高兴得手舞足蹈，赶忙穿上了衣帽。

唐僧见他穿戴好了，想试试《紧箍咒》灵不灵，就把《紧箍咒》念了一遍，孙悟空马上大叫起来："痛死了，老孙的头痛得要裂开了！"唐僧又念了几遍，把孙悟空痛得满地打滚儿，他拼命地去扯帽子，帽子却变成了一个金箍。唐僧怕他把那金箍扯断了，就住口不念了，他的头也不痛了。孙悟空伸手去头上摸摸，那金箍紧紧地勒在上面，取不下，也揪不断，像是已经生了根。他就从耳朵里取出针儿来，插入箍里，往外直撬，唐僧怕他把箍撬断了，就又念起咒来。孙悟空痛得来回翻筋斗，**耳红面赤**，**不知所措**。他发现头痛是因为师父在念咒，就急忙向师父求饶，说自己再也不敢**胡作非为**了。唐僧见他知错，就停止了念咒。

从此，孙悟空便**死心塌地**，**一心一意**保护唐僧西天取经。

## 知识小卡片

### 唐僧西天取经

唐僧俗家姓陈，法号玄奘（zàng），是唐朝第一高僧。唐僧前世是如来佛祖的二弟子金蝉子，因为轻慢佛法而被佛祖贬下凡间。他从小在寺庙里长大，佛学造诣很高，观音菩萨到东土大唐寻找取经人时看中了他。后来，唐僧奉唐王李世民之命去西天拜佛求经，历经十四年，饱受九九八十一难，终于取回经书，被如来佛祖封为“旃（zhān）檀（tán）功德佛”。

## 成语游戏

### 五颜六色的珠子

观察珠子的颜色，试着各写一个含有这种颜色的成语。

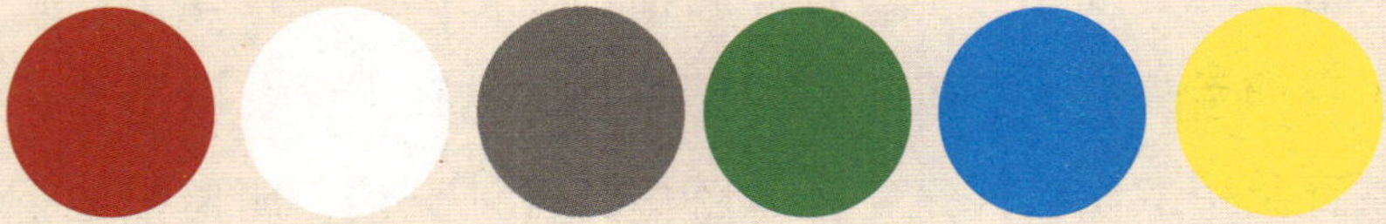

成语 ______　成语 ______　成语 ______

成语 ______　成语 ______　成语 ______

## 面部画像

将下列与面部有关的成语补充完整，再想想还有哪些成语与面部有关。

赏心悦（ ）　　扬（ ）吐气　　苦（ ）良药

（ ）聪（ ）明　　（ ）青（ ）肿

## 成语一条龙

成语接龙是一项有趣的文字游戏，快来玩一玩吧。

耳（ ）面（ ）胆忠（ ）灰（ ）冷（ ）自知（ ）善（ ）重（ ）远

走

（ ）（ ）子浪（ ）涛（ ）天（ ）石（ ）沙（ ）高

# 真心实意

一天傍晚，孙悟空和师父来到一个叫高老庄的村子。村里高太公的小女儿被一个妖怪霸占了，高太公正到处寻找法师降服他呢。孙悟空听说后，**自告奋勇**地前去除妖。

那个妖怪的相貌十分丑陋，嘴脸就像个猪的模样。他拿出一柄九齿钉耙（pá），和孙悟空打了起来。两人你来我往，打了好一阵后，妖怪说："你这猴子，我记得你闹天宫时，家住在花果

**出处** 那怪扑的跪下，望空似捣碓（duì）的一般，只管磕头道：“阿弥陀佛，南无佛，我若不是真心实意，还叫我犯了天条，劈尸万段！”（《西游记》第十九回）

**释义** 指真实的心意，真正的思想感情。形容心意真诚、实在。

**近义词** 诚心诚意 **反义词** 虚情假意

**造句** 我们要真心实意地跟别人相处。

山水帘洞，你怎么跑到这儿来啦，是不是我丈人把你给请来的？”

孙悟空说：“不是你丈人请的，我是自己**改邪归正**了。我现在保护一个东土高僧去西天取经，路过高老庄……”

那妖怪一听，急忙丢下手里的钉耙，拱了拱手说：“可以让我见见那位取经人吗？观音菩萨劝我行善，让我在这里等候取经人，随他一起去西天取经。”孙悟空不相信妖怪的话，那妖怪扑通一声跪在地上，一个劲儿地磕头，发誓说：“我如果不是**真心实意**，就让老天爷惩罚我！”

孙悟空于是拔了一根毫毛，变出一条绳子，将妖怪绑了，然后揪着他的耳朵，把他押回高老庄，去见师父。

到了高老庄，那妖怪走上前，跪在唐僧的面前，向他叩头，并把观音菩萨劝善的事说了一遍。唐僧**大喜过望**，连忙叫孙悟空给他松绑，又给他取了个别名——猪八戒。从此以后，唐僧又多了一个徒弟。

## 知识小卡片

### 猪八戒

猪八戒前世是天界的天蓬元帅，执掌天河八万水兵。当年王母娘娘举办蟠桃盛会，天蓬元帅在宴会上喝醉了酒，后来闯入广寒宫调戏了嫦娥，玉帝得知后大怒，将他贬下凡间，没想到他却错投了猪胎。猪八戒性格温和，憨厚老实，但也有着一些坏毛病，比如贪财好色、爱占小便宜等。在护送唐僧取得真经后，他被佛祖封为“净坛使者”。

## 成语游戏

### 填成语猜国名

将下面的成语补齐，看看每一行空缺的字可以组成哪个国家的名字。

真心实□　轩然□波　唯□是图

日□月异　亲上□亲　走下□路

如愿□偿　察言观□　名□前茅

□憎分明　温文□雅　义结金□

## 词语变成语

下面的词语增加成分后都可以变成成语，请把成语填写完整吧。

真实 → 真（ ）实（ ）

模样 → （ ）模（ ）样

变化 → （ ）变（ ）化

风俗 → （ ）风（ ）俗

积累 → 积（ ）累（ ）

昼夜 → 昼（ ）夜（ ）

## 成语里的“心意”

下面的成语均包含“心意”两字，把它们补齐吧。

（提示：横向填写。）

| | | | |
|---|---|---|---|
| 心 | | 意 | |
| 心 | | 意 | |
| 心 | | 意 | |
| 心 | | 意 | |

| | | | |
|---|---|---|---|
| | 心 | | 意 |
| | 心 | | 意 |
| | 心 | | 意 |
| | 心 | | 意 |

# 战战兢兢

唐僧在高老庄收了猪八戒后，又在流沙河收了三徒弟沙僧。这一天，唐僧师徒四人路过万寿山五庄观，因天色已晚，便借宿在观里。观主镇元大仙出门访友去了，临行前他算到唐僧师徒要来，就交代清风、明月两个童子好好招待唐僧，并打两枚人参果给他吃。

这人参果可是五庄观里的宝贝，它三千年一开花，三千年一结果，再过三千年才成熟，而且一万年只结三十个果子。人参果的模样就像刚出生的小娃娃，五官兼备，四肢俱全。人闻一闻，就能活三百六十岁；吃一个，就能活四万七千岁。

清风、明月遵照师父的嘱托，去果园打了两枚人参果，趁着孙悟空三人不在，偷偷地端来给唐僧吃。两人对唐僧说："我们庄里没什么招待师父的，献上两枚素果，权当解渴吧。"唐僧见人参果长得像婴儿，吓了一大跳，**战战兢兢**地倒退了好几步。清风、明月纷纷上前解释，但唐僧不相信，说什么也不肯吃。清风、明月**无可奈何**，只好端着人参果回到自己的房里。因为人参果不能长时间放着，所以，他们一人一个分着吃了。

没想到，两个童子分吃人参果的事被猪八戒知道了，他馋得直流口水，就怂（sǒng）恿

**出处** 那长老见了，战战兢兢，远离三尺道：“善哉！善哉！今岁倒也年丰时稔（rěn），怎么这观里作荒吃人？这个是三朝未满的孩童，如何与我解渴？”（《西游记》第二十四回）

**释义** 战战：恐惧发抖的样子；兢兢：小心谨慎的样子。形容非常恐惧、小心谨慎的样子。也形容因害怕或寒冷而颤抖的样子。

**近义词** 提心吊胆、诚惶诚恐 **反义词** 胆大妄为、泰然处之

**造句** 他战战兢兢地向妈妈承认了错误。

（yǒng）孙悟空偷了几个回来。清风、明月发现人参果的数量少了，气冲冲地去找唐僧说理，还对师徒四人**破口大骂**，孙悟空一怒之下，将人参果树推倒，之后带着师父和师弟**逃之夭夭**。

镇元大仙回来以后，得知人参果树被毁，便将唐僧师徒捉回观中，要求他们把树救活。孙悟空找了许多神仙，大家都没有办法，他只好去请观音菩萨帮忙。最后，观音菩萨医活了人参果树。师徒四人告别镇元大仙，继续向西赶路。

## 知识小卡片

### 卷帘大将沙僧

沙僧本是天界的卷帘大将，因失手打碎了琉璃盏，触犯天条，被玉帝贬到凡间，在流沙河里做了妖怪。后来，在观音菩萨的点化下，沙僧拜唐僧为师，保护唐僧西天取经。在取经途中，沙僧踏实本分，任劳任怨，忠心耿耿，最终功德圆满，被如来佛祖封为“金身罗汉”。

## 成语游戏

### 成语碰碰对

在空格处填上适当的两个字，使上下构成两个成语。

| | | | | |
|---|---|---|---|---|
| 战 | 楚 | 九 | 穷 | 一 |
| 战 | 楚 | 曲 | 追 | 日 |
| □ | □ | □ | □ | □ |
| □ | □ | □ | □ | □ |
| 业 | 心 | 寸 | 昼 | 迢 |
| 业 | 魄 | 断 | 夜 | 迢 |

## 连线组成语

你知道哪些 AABB 式的成语呢？试着连连下面的成语吧。

| | |
|---|---|
| 沸沸 | 攘攘 |
| 结结 | 惚惚 |
| 郁郁 | 碌碌 |
| 恍恍 | 扬扬 |
| 熙熙 | 葱葱 |
| 庸庸 | 巴巴 |

## 猜谜语

下面都是好玩的谜语，请你根据左侧的谜面，猜出对应的成语，看看能猜对几个。

- 搬起石头砸自己的脚 ______
- 八十岁的老太太敲锣鼓 ______
- 十五个人吃饭 ______
- 猫窝里的老鼠 ______
- 关不紧的水龙头 ______
- 烈焰腾腾十米高 ______

# 半途而废

这一天，唐僧师徒来到一个叫白虎岭的地方。唐僧有些饿了，就让孙悟空去找些吃的回来。孙悟空前脚刚走，唐僧就被山上的妖怪白骨精发现了。

白骨精听说吃了唐僧肉可以长生不老，就变成一个漂亮姑娘来接近唐僧，结果被赶回来的孙悟空一眼识破。孙悟空一棒子打过去，那妖怪使了个“解尸法”，留下一具假尸首，真身化成一阵烟逃走了。唐僧见孙悟空打死了人，就念紧箍咒惩罚了他。

白骨精吃不到唐僧肉不甘心，又想出一条毒计。她变化成一个老婆婆的模样，**哭哭啼啼**地朝着师徒四人走来。孙悟空用**火眼金睛**一看，发现老婆婆又是白骨精变的，他一句话也不说，举起金箍棒就打。妖怪知道孙悟空的厉害，**故技重施**，扔下一具假尸首逃走了。唐僧见孙悟空又害了一条性命，气得一口气把紧箍咒念了二十多遍，还要赶走孙悟空。孙悟空苦苦求饶，唐僧才原谅了他。

白骨精不死心，又变成一个老公公来骗唐僧。孙悟空笑着说：“你瞒得了别人，瞒不过我，

**出处** 他将书折了，留在袖中，却又软款唐僧道：“师父，我也是跟你一场，又蒙菩萨指教，今日半途而废，不曾成得功果。你请坐，受我一拜，我也去得放心。”（《西游记》第二十七回）

**释义** 废：停止。半路上就停下来了。比喻事情没做完就停止了，不能坚持到底。

**近义词** 有始无终　**反义词** 持之以恒、善始善终

**造句** 我们做任何事情都要有始有终，不能半途而废。

我知道你还是那个妖怪！”他暗中念动咒语，叫来当地的土地和山神，让他们在半空中拦住妖怪，他飞到空中举棒就打。这一次妖怪被打死了，现出原形，变成了一堆白骨。

唐僧见孙悟空半日之内居然连害三命，十分生气，坚持要把孙悟空赶走。他从包袱里取出纸笔，当场写了一张贬书交给孙悟空。孙悟空收下贬书，对唐僧说：“师父，我**诚心诚意**跟随您去西天取经，没想到今天会**半途而废**，不得正果。师父您请坐，请受我一拜，我也走得安心些。”随后便跪下来磕了头，然后回花果山水帘洞去了。

## 知识小卡片

### 《西游记》里的妖魔鬼怪

《西游记》是一部神魔小说，塑造了许多生动的妖怪形象。书中的妖怪大致有两类：一类是有后台或者身份尊贵的，一类是土生土长、没有背景的。有后台的妖怪往往是天上某个神仙的坐骑或宠物，一般有法宝傍身，最后多被主人召回身边，比如青牛精；没后台的妖怪则法力不济，下场悲惨，像白骨精、蟒（mǎng）蛇精都属于这一类。

## 成语游戏

### 神奇的磁铁石

读一读图中的成语，在磁铁的北极（N）填近义词，南极（S）填反义词。

半途而废　　蒸蒸日上　　所向无敌

## 猜字谜

字谜是一种寓教于乐的传统文字游戏，根据左侧的成语谜面，开心猜字谜吧！

（提示：打一个字。）

半途而废 ____　　千言万语 ____

文武双全 ____　　一箭穿心 ____

斩草除根 ____　　顶天立地 ____

## 四通八达的道路

试着写出下列成语，看看哪些成语与道路有关。

歧____亡羊　　羊肠小____

曲____通幽　　____听____说　　穷____末____

# 魂飞魄散

孙悟空回了花果山以后，猪八戒和沙僧保护唐僧继续西行。

三人来到黄袍怪的地盘，唐僧被妖怪抓走，中了妖法，变成了老虎，被关在笼子里。猪八戒和沙僧与妖怪大战无数回合，都没法救出师父，无奈之下，只好到花果山请来孙悟空。孙悟空打败了妖怪，把唐僧变回了人形，师徒二人也**重归于好**。之后，师徒四人继续上路取经去了。

这一天，他们来到了平顶山，被山上莲花洞的两个魔头——金角大王和银角大王看见了。一番打斗后，孙悟空被压在了大山下，其他三人被妖怪抓进了妖洞。

金角、银角趁着孙悟空被压住，赶忙派两个小妖拿

**出处** 好大圣，将身一幌，只见满洞红光，预先走了。似这般手段，着实好耍子，正是那聚则成形，散则成气。唬得个老魔头魂飞魄散，众群精噬（shì）指摇头。（《西游记》第三十四回）

**释义** 魂、魄：古人错误认为人的精神能离开形体而存在，称离开形体的精神为“魂”，称依附于形体而显现的精神为“魄”。魂飞了，魄也散了。形容惊恐万状，不知如何是好。

**近义词** 魂不附体 **反义词** 临危不惧

**造句** 这场突如其来的地震，吓得他魂飞魄散，面无人色。

着紫金红葫芦、羊脂玉净瓶两件宝贝去捉孙悟空，没想到孙悟空已经被山神搭救，他还用一个假葫芦骗走了两件真宝贝。两个魔头听说失了宝贝，便派人到压龙洞去取母亲的幌金绳。结果又被孙悟空抢先，他打死了老妖婆，变成她的样子进了莲花洞。

猪八戒被吊在梁上，瞧见金角大王、银角大王向“母亲”磕头，乐得哈哈大笑。沙僧**一头雾水**，猪八戒解释说：“本来以为来的是老妖婆，谁知道竟是弼（bì）马温。他刚才弯腰叫‘我儿起来’，后面的猴子尾巴就露出来了。”

不一会儿，把门的小妖闯了进来，报告说：“大王，不好啦！孙悟空杀了奶奶，扮成奶奶溜进来了。”两个魔头一听，拔出剑来就砍向孙悟空。孙悟空将身子一晃，只见洞里一片红光，他早就走掉了。吓得老魔头**魂飞魄散**，一群小妖也纷纷摇头。金角大王想把唐僧三人还给孙悟空，银角大王却不同意，于是他们披挂上阵，去捉拿孙悟空。经过一番**斗智斗勇**，孙悟空最终把两个妖怪制服了。

## 知识小卡片

### 金角和银角

金角、银角本是太上老君的烧火童子，后来下界为妖。他们是《西游记》中拥有宝贝最多的妖怪，有五件法宝，其中紫金红葫芦、羊脂玉净瓶威力最大，可以把人吸进去化成脓（nóng）血。孙悟空用计谋获得这两件宝贝，把金角大王吸入羊脂玉净瓶，把银角大王吸入紫金红葫芦。后来太上老君赶到，才救下这两个妖怪。

## 成语游戏

### 丢失的玻璃球

小飞和朋友一起玩玻璃球，这些玻璃球可以组成一个成语，你知道是什么吗？

（提示：现有的部首可重复使用。）

艹　鬼　攵　云　月　白　飞

成语：________________

## 看图猜成语

观察下面的图画，猜猜是什么成语吧。

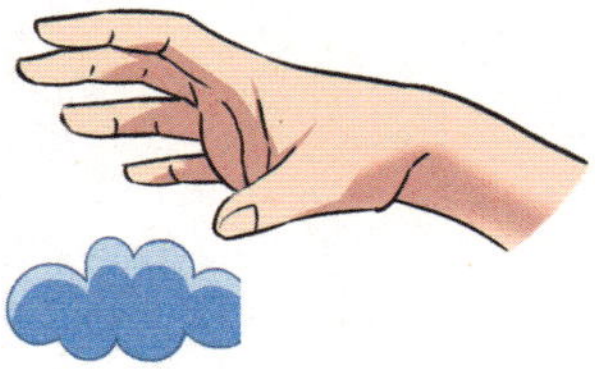

成语：__________

成语：__________

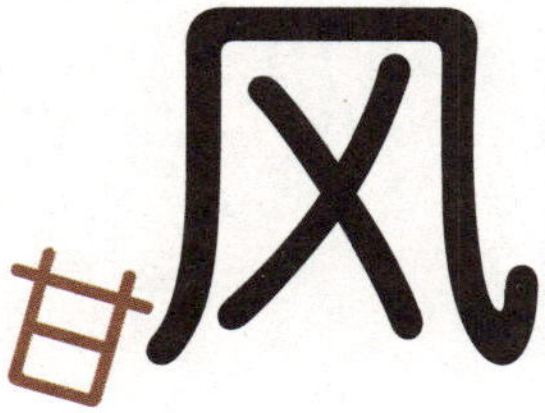


成语：__________

## 同字不同音

下列几组成语中，加点的字有着不同的读音，你能分辨出来吗？

（提示：正确的读音打√。）

1. 乳臭（chòu xiù）未干　　　臭（chòu xiù）名昭著
2. 转（zhuǎn zhuàn）瞬即逝　　晕头转（zhuǎn zhuàn）向
3. 魂飞魄散（sǎn sàn）　　　散（sǎn sàn）兵游勇
4. 外强（qiáng qiǎng）中干　　强（qiáng qiǎng）词夺理

# 海角天涯

唐僧师徒继续向西走，这一天，他们来到一座高山前。山上的火云洞里住着一个叫红孩儿的妖怪，他听人说吃了唐僧肉可以长生不老，就变成一个小孩儿吊在树上等着唐僧路过。

唐僧见了**大发慈悲**，把他救了下来。孙悟空认出了红孩儿是妖怪，于是要寻机除掉他，可是还没有动手，红孩儿就吹起一阵大风，把唐僧卷走了。

唐僧被红孩儿捉去后，孙悟空叫来山神、土地，询问红孩儿的住处和来历。得知红孩儿是牛魔王的儿子，孙悟空高兴地对师弟们说："不用担心啦，那妖怪与我是亲戚，他父亲牛魔王是我的结拜大哥，他不敢伤害师父的。"

孙悟空和猪八戒来到妖怪的洞府要人。孙悟空对红孩儿说："侄儿，快把

**出处** 行者道：“……我当初未闹天宫时，遍游海角天涯，四大部洲，无方不到。那时节，专慕豪杰，你令尊叫做牛魔王，称为覆天大圣，与我老孙结为七弟兄，让他做了大哥……”（《西游记》第四十一回）

**释义** 角：尽头；涯：边际。海的尽头，天的边际。形容偏远的地方或相距遥远。

**近义词** 天南地北 **反义词** 近在咫尺

**造句** 即使到了海角天涯，你也是我最好的朋友。

我师父送出来。”红孩儿听了大怒，喝道：“休要胡说！谁是你侄儿？”孙悟空解释说：“我是当年大闹天宫的齐天大圣孙悟空。未闹天宫时，我游遍了**海角天涯**，专门结交英雄豪杰，那时候你父亲牛魔王与我结拜为兄弟，你还没有出生呢！”红孩儿根本不相信，举起火尖枪就刺了过来，孙悟空也抡起金箍棒。两个人跳上云端，你来我往打了二十多个回合，**不分胜负**。猪八戒上来助战，击退了红孩儿。

红孩儿打不过孙悟空、猪八戒，于是念动咒语，从口中吐出三昧（mèi）真火来。猪八戒见了，慌忙逃走了。孙悟空也奈何不了三昧真火，只好去请龙王下雨灭火，没想到雨水不但没有把火浇灭，反而像**火上浇油**一样，火越烧越大，孙悟空被烟气熏得昏死过去。

孙悟空醒来以后身体虚弱，便让猪八戒去请观音菩萨相助。没想到，红孩儿冒充观音菩萨，把猪八戒骗进了火云洞。孙悟空知道后，变成牛魔王的模样来到火云洞，结果被红孩儿识破，只好赶去南海找观音菩萨想办法。观音菩萨随孙悟空来到红孩儿的洞府前，利用莲花宝座降服了他，并封他为善财童子，带他回南海去了。孙悟空赶忙救出师父师弟，随后四人继续向西天走去。

## 知识小卡片

### 牛魔王

牛魔王是红孩儿的父亲，铁扇公主的丈夫，家住翠云山芭蕉洞。孙悟空当年住在花果山时，结识了牛魔王、蛟魔王等六大魔王，七人结拜为兄弟，牛魔王是大哥。牛魔王武艺高强，也有七十二变，是《西游记》中少数不用法宝就能和孙悟空抗衡的角色。观音菩萨降服红孩儿后，牛魔王怨恨孙悟空，在唐僧师徒过火焰山时，与孙悟空展开了一场激战。

## 成语游戏

### 世界之最

成语中也有“世界之最”呢，你能根据下面的提示，猜出对应的成语吗？

| | | | |
|---|---|---|---|
| 最昂贵的稿费 | | 最远的地方 | |
| 最吝啬的人 | | 最大的手 | |
| 最大的家 | | 最小的针 | |

## 成语手拉手

在空格内填入适当的词语，使每一行组成两个成语。

青山□□长流

满面□□得意

海角□□若比邻

小巧□□剔透

忐忑□□本分

## 江河湖海

以下是包含“江河湖海”的成语，快来闯关吧，看你能填出几个。

| | | |
|---|---|---|
| ○枯石烂 | 五○四○ | 信口开○ |
| ○光山色 | ○○日下 | ○阔天空 |
| 气吞山○ | 翻○倒○ | 井水不犯○水 |

# 风调雨顺

一天傍晚，唐僧师徒来到通天河边，眼见天色已晚，大河挡路，他们就先找了户人家住了下来，打算第二天再过河。

在聊天的过程中，他们得知通天河里有个妖怪叫灵感大王，这妖怪要求附近的百姓每年祭奉他一次，并献上一对童男童女给他吃，这样方可保一年四季**风调雨顺**，不然的话，他就要**兴风作浪**，降祸生灾。唐僧听了**泪如雨下**，孙悟空心里也很不好受，他让主人家把那两个即将成为供品的小孩儿抱了出来，说要替他们去祭奉妖怪。孙悟空摇身一变，变成了男孩的样子，又叫猪八戒变成了

**出处** 这大王一年一次祭赛，要一个童男，一个童女，猪羊牲醴(lǐ)供献他。他一顿吃了，保我们风调雨顺；若不祭赛，就来降祸生灾。（《西游记》第四十七回）

**释义** 调：配合得均匀合适；顺：适合需要。指风雨适合农时，年景好。

**近义词** 五风十雨 **反义词** 凶年饥岁

**造句** 今年风调雨顺，粮食又会得到丰收。

女孩的模样。

第二天，妖怪来到祭祀的庙宇，看见了童男童女，他伸手去抓女孩，猪八戒一下子跳下供桌，现出了原形，举起钉耙就去打妖怪。孙悟空也现出本相。妖怪没有带兵器，又听说对手是孙悟空，吓得转身逃走了。

妖怪回去以后，施法把通天河变成了冰河。唐僧着急取经，见通天河冻住了，许多人在河上**走来走去**，就也和徒弟们踏冰渡河。妖怪见唐僧上钩了，便念起咒语，顿时“哗啦”一声，冰裂开了，唐僧、猪八戒、沙僧全部掉了下去，孙悟空**眼疾手快**，跳到了半空。猪八戒和沙僧都有神通，妖怪不敢动他们，只把唐僧抓走了。

孙悟空不懂水性，让猪八戒和沙僧把妖怪引出水面，自己在岸上等着。谁知妖怪知道孙悟空的厉害，**闭门不出**。孙悟空害怕师父被妖怪吃了，便吩咐师弟看好妖怪，自己则驾云来到落伽山，请观音菩萨前来除妖。观音菩萨编了竹篮收服了妖怪，救出了唐僧，师徒几人这才渡过通天河继续西行。

## 知识小卡片

### 灵感大王

灵感大王本是观音菩萨养在莲花池里的一条金鱼，因每天听菩萨念经，修炼出了本事，后来私自跑到凡间，在通天河里兴风作浪。观音菩萨得知金鱼精抓住唐僧后，编了个紫竹篮，抛在河中，把金鱼给收走了。

## 成语游戏

### 奇妙的天气

天气真奇妙，有时晴，有时阴，有时雨……下面的成语都是跟天气有关的，试着将成语补充完整吧。

电闪____鸣　　风和____丽　　____淡风轻　　风____交加

万里无____　　冰天____地　　暴风骤____　　骄____似火

## 腾飞的巨龙

下面是一条腾飞的巨龙，请把龙补充完整。

| | | | | | | | | | |
|---|---|---|---|---|---|---|---|---|---|
| 风 | 调 | 雨 | 顺 | | | | 马 | 加 | 鞭 |
| | | | | | | 心 | | | |
| | | | 牵 | | | | | | 莫 |
| | | | | 落 | | 口 | | | 及 |

## 风雨家族

“风雨家族”的成员真不少，你能认出几个呢？

（提示：横向填写。）

第一组

| | | | |
|---|---|---|---|
| 风 | | 雨 | |
| 风 | | 雨 | |
| | 风 | | 雨 |
| | 风 | | 雨 |

第二组

| | | | |
|---|---|---|---|
| 风 | 雨 | | |
| 风 | 雨 | | |
| | | 风 | 雨 |
| | | 风 | 雨 |

# 毛骨悚然

这一天，师徒四人正在山林里赶路，眼看夜幕降临，还见不到一户人家。孙悟空心急，举起金箍棒大叫一声，吓得白龙马驮着唐僧飞快地向前跑去。这时，突然出现几个强盗拦住了唐僧的去路，并把他吊在了树上。孙悟空救师心切，打死了两个强盗，其他强盗吓得四散而逃。不久，逃走的几个强盗来找悟空报仇，也被他一棒子打死。唐僧十分生气，叫他立刻回花果山去。孙悟空心里委屈，去找观音菩萨，把事情的原委告诉了菩萨，菩萨让他先留下来。

赶走孙悟空后，唐僧三人接着往西走了几十里。唐僧饥渴难耐，叫猪八戒和沙僧去寻些水和斋饭来。没想到这时候孙悟空回来了，他把唐僧打倒在地，抢了包袱立刻跑了。猪八戒和沙僧回来后，唐僧叫沙僧去花果山讨回包袱。沙僧赶到花果山，孙悟空说自己要去西天取经，还变了一个唐僧、八戒、沙僧出来。沙僧见了，急忙去找菩萨告状。菩萨说悟空一直在自己这里，但沙和尚坚持自己所见，于是菩萨便让悟空和沙僧一起去花果山看看。

孙悟空和沙僧赶到花果山，果然看到那里有一个孙悟空。两个悟空一见面就打了起来，沙和尚在一旁看着插不上手。真悟空于是就让他回去向唐僧说明情况，自己和假悟空去观音菩萨那里辨明真假。

**出处** 那猕（mí）猴毛骨悚然，料着难脱，即忙摇身一变，变作个蜜蜂儿，往上便飞。如来将金钵盂（yú）撇起去，正盖着那蜂儿，落下来。（《西游记》第五十八回）

**释义** 悚然：恐惧的样子。汗毛竖起，脊梁骨发冷。形容感到极其恐惧。

**近义词** 不寒而栗 **反义词** 无所畏惧

**造句** 听完他讲的恐怖故事，我感到毛骨悚然。

两个悟空一路打到南海，菩萨念起紧箍咒，两个人一起喊疼，都抱着头在地上打滚。菩萨分不出真假，让他们去天上辨个真伪，结果玉帝和众仙也看不出端倪（ní）。二人又来到唐僧面前，唐僧也是**一筹莫展**。最后两个人闹到了西天雷音寺，如来佛祖一眼就看穿了假悟空的身份，原来那是一只六耳猕猴。那猕猴见如来佛祖识破了他的面目，**毛骨悚然**，变成一只蜜蜂就要飞走，却被如来佛祖用金钵罩住，孙悟空恨得牙根痒痒，拿起金箍棒把他打死了。如来佛祖让观音菩萨陪着悟空去见唐僧，在观音菩萨的劝说下，师徒二人和好了。

## 知识小卡片

### 六耳猕猴

六耳猕猴是《西游记》中的一种神猴，和灵明石猴、赤尻（kāo）马猴、通臂猿猴一起被称为混世四猴。六耳猕猴善于聆听世间的声音，通晓世间的道理，还能知道过去、预见未来。据《西游记》描述，被孙悟空打死的六耳猕猴是世界上最后一只六耳猕猴，从此，六耳猕猴就绝种了。

## 成语游戏

### “然”字阵营

下面的成语都是“然”字阵营的成员，它们都用来形容人的情态，请把它们填写完整。

| | | |
|---|---|---|
| （ ）然自得 | （ ）然心动 | （ ）然处之 |
| 安然无（ ） | 茫然若（ ） | 肃然起（ ） |
| （ ）然神伤 | （ ）然大悟 | 道貌（ ）然 |

## 古堡探险

小猪壮壮被朋友拉着去古堡探险，胆小的它常常吓得尖叫。它的状态可以用下面这些成语形容，请试着把成语补充完整，并在句子中填入正确的成语。

胆____心____　　惊____万状　　____飞天外

不____而栗　　____流____背　　惊____动____

提____吊____　　____不附体

（1）这个可怕的景象使她____

（2）从鬼屋出来之后，她已经____，需要赶紧找个地方坐下来缓一缓。

# 千方百计

这一日，唐僧师徒来到一片黑松林中，看见一名漂亮女子被绑在大树上。唐僧心善，把她救了下来。孙悟空看出她是妖怪，但因为害怕师父念咒，没有马上打死她，只是紧紧地看着她。

当晚，大家借宿在一所禅寺里。孙悟空叮嘱师弟们看好师父，自己去收拾妖怪。那妖怪见到孙悟空，知道不是他的对手，就脱下一只绣花鞋，变成自己的模样和悟空周旋，真身化成一阵风溜走了。悟空发现中计后，急忙去找师父，不料师父早被妖怪捉走。

孙悟空和师弟们一路寻去，在一座山崖边找到了妖怪的洞穴。那无底洞的洞口有一口缸那么大，里面足有三百多里深。孙悟空让八戒、沙僧守在洞外，自己进去打探消息。

孙悟空跳进洞里后，变成一只苍蝇落在门楼上听动静。那妖怪正坐在那里吩咐小妖准备素宴，说是要和唐僧成亲。悟空“嗖”地飞到唐僧的头上，叫了声“师父”。唐僧见悟空来了，让他赶紧救自己。

悟空要唐僧把妖怪哄到花园去玩，自己变成一颗红桃挂在树上，让唐僧摘下来献给妖怪。那妖怪刚咬下一口，孙悟空就立刻滚进了她的肚子里。妖怪知道以后**手忙脚乱**，对悟空说：

**出处** 妖精慌了道："罢了，罢了！这猴头钻在我肚里，我是死也！孙行者！你千方百计的钻在我肚里怎的？"（《西游记》第八十二回）

**释义** 计：计策，办法；方：方法。想尽一切办法。

**近义词** 想方设法 **反义词** 无计可施

**造句** 他总是千方百计地为自己的过错找理由。

"你这猴子，**千方百计**钻进我的肚子里干什么？"孙悟空只管在妖怪的肚子里翻滚，一会儿挥拳，一会儿跳脚，把妖怪折腾得**苦不堪言**。那妖怪急忙唤来小妖，让他们把唐僧送出去。孙悟空在她肚子里叫道："你亲自把我师父送到外边，我就饶了你！"那妖怪只好背着唐僧，把他送出了洞口。

出了无底洞，那妖怪又设法把唐僧给捉去了。悟空发现妖怪与天上的托塔李天王有亲，就去请李天王相助。李天王来到下界，收服了妖怪，把唐僧救了出来。

师徒四人收拾行李，继续西行，一路上又战胜许多妖魔。终于，他们来到了西天雷音寺，取得真经，修成正果。

## 知识小卡片

### 托塔李天王

托塔李天王本名李靖（jìng），出现于《西游记》《封神演义》等古典文学作品里。在《西游记》中，李靖身穿铠甲，头戴金翅乌宝冠，左手常托玲珑宝塔。他有三个儿子，长子金吒（zhā）在如来佛祖处担任前部护法，次子木吒是观音菩萨座下弟子，小儿子哪吒归李靖领导。李靖父子曾多次帮唐僧师徒战胜妖魔，比如大战青牛精、捉拿牛魔王等。

## 成语游戏

### “千百”成语

下面的成语中均带有“千”“百”两字，请把它们补充完整。

千（　）百（　）　千（　）百（　）　千（　）百（　）　千（　）百（　）

千（　）百（　）　千（　）百（　）　千（　）百（　）　千（　）百（　）

## 成语里的近义词

下面的成语中均包含一对近义词，把它们补齐吧。

（ ）师（ ）友　（ ）兵（ ）将　（ ）权（ ）利　（ ）言（ ）行

（ ）敲（ ）击　高（ ）远（ ）　（ ）风（ ）影　（ ）朝（ ）代

精（ ）细（ ）　尽（ ）尽（ ）　兴（ ）安（ ）　（ ）善（ ）施

## 成语T台

在空格内填入恰当的字，使每行每列成一个成语。

| | | | | | |
|---|---|---|---|---|---|
| （ ） | 方 | 百 | （ ） | | |
| | | （ ） | | | |
| | | 一 | | | |
| | 才 | （ ） | 学 | （ ） | |
| | | | 而 | | |
| | | | （ ） | | |
| | | （ ） | （ ） | 其 | 烦 |

# 饥不择食

滑州经略府提辖鲁达，为人正直，性格爽朗，爱**打抱不平**。这一天，他和九纹龙史进、打虎将李忠在潘家楼酒店喝酒。三人边喝边聊，正说得热闹，忽然从隔壁房间传来女子的啼哭声。鲁达让酒保把女子叫过来，询问她啼哭的原因。

原来，这女子叫金翠莲，和父母一起来渭州投靠亲戚，结果不但没见着亲戚，连身上的钱也花光了，母亲因病去世，父女俩只得流落街头。当地有个恶霸叫郑屠，是一个杀猪卖肉的屠户，人称镇关西，见金翠莲长得好看，就把她买下来做妾，当时写下文书说给三千贯钱，结果一文也没给。而金翠莲进门不到三个月，就被镇关西的大老婆赶了出来，镇关西还向父女俩追要三千贯钱，父女俩争不过他，只好出来卖唱，挣钱还他。这几日酒店客人较少，父女俩没卖到多少钱，所以啼哭起来。

鲁达了解了来龙去脉以后，十分气愤，给了金家父女十几两银子，让他们离开渭州，他自己则准备去找镇关西算账。

**出处** 这鲁提辖忙忙似丧家之犬，急急如漏网之鱼，行过了几处州府。正是：逃生不避路，到处便为家。自古有几般：饥不择食，寒不择衣，慌不择路，贫不择妻。（《水浒传》第三回）

**释义** 饿急了就什么都吃。比喻需要急迫，只求应急，顾不上选择。

**近义词** 狼吞虎咽 **反义词** 挑肥拣瘦

**造句** 他已经饿到饥不择食的地步了。

第二天，鲁达找到了镇关西，**三拳两脚**就把他给打死了。这下鲁达可闯了大祸，他急忙跑回住处，简单收拾了下行李，匆匆离开了渭州。一路上东逃西奔，**饥不择食**，**慌不择路**，行走了半个多月。

这一天，鲁达来到代州雁门县，恰巧遇见逃到此地的金家父女。此时金翠莲经人做媒，嫁给了本地一个姓赵的员外。赵员外为帮助鲁达躲避追捕，将他送到五台山文殊寺做了和尚。

## 知识小卡片

### 九纹龙史进

史进是《水浒传》里第一个出场的好汉，因为他身上文着九条青龙，所以，人们都叫他“九纹龙”。史进因与少华山的强盗结交而被官府捉拿，于是逃往渭州，认识了鲁达后，和他结为异姓兄弟。后来，史进投奔了梁山。梁山好汉征讨方腊时，史进中箭而亡。

## 成语游戏

### 成语里的饮食

以下都是和饮食有关的成语，将它们填写完整吧。

| | | | |
|---|---|---|---|
| 津津有□ | 茶□不思 | □不下咽 | 食不□腹 |
| 食不□味 | □吞□咽 | 细□慢□ | 饥不择□ |
| 风卷□云 | □醉□饱 | 饥肠□□ | 大块朵□ |

## 成语螺旋

在下图中填入适当的字，使首尾相接组成成语。

画饼充（ ）不择（ ）古不（ ）为（ ）有（ ）在先（ ）后（ ）（ ）相见

气 声 古奇 人（ ）地（ ）天（ ）眼（ ）

## 紧急时刻

方框内的成语都含有紧急之意，请把它们填入适当的语境中。

| | | |
|---|---|---|
| 刻不容缓 | 千钧一发 | 箭在弦上 |
| 慌不择路 | 饥不择食 | 迫在眉睫 |

1. 千万斤的重量系在一根头发上。＿＿＿＿＿＿
2. 饿得不行，不喜欢的食物也能吃。＿＿＿＿＿＿
3. 一点儿时间都不能耽搁。＿＿＿＿＿＿
4. 事态紧急，临近眼前。＿＿＿＿＿＿
5. 搭好弓箭，采取行动。＿＿＿＿＿＿
6. 无头苍蝇乱走路。＿＿＿＿＿＿

# 目瞪口呆

鲁达落发为僧后，寺里的智真长老给他取了个法名叫智深。鲁智深在文殊寺并不遵守**清规戒律**，常常**惹是生非**，闹得寺里**鸡犬不宁**。智真长老拿他没办法，只好写了封信，把他介绍给东京大相国寺的智清长老。

鲁智深走了大概一个月的路，来到了东京大相国寺。智清长老看完智真长老的书信，心里有些不愿意，但他还是接纳了鲁智深，并安排他去看管菜园子。菜园子附近生活着一伙无赖，为首的两个叫张三、李四，经常溜进园子来偷菜。无赖们听说新来个胖大和尚管理菜园，就商议着给他来个下马威，以便以后能自由地出入菜园。

这一日，众无赖拿着礼物，**嘻嘻哈哈**地过来拜访鲁智深，并把他引到粪坑边。张三、李四假装跪拜，趁机抱住鲁智深的双腿，想把他扔进粪坑。没想到鲁智深早有防备，不等他们靠近，就一脚把他们踢进了粪坑。后头的二三十个无赖见了，全都惊得**目瞪口呆**，正要逃走，

**出处** 后头那二三十个破落户，惊的目瞪痴呆，都待要走，智深喝道：“一个走的，一个下去！两个走的，两个下去！”众泼皮都不敢动掸。(《水浒传》第七回)

**释义** 目瞪：睁大眼睛直视；口呆：嘴里说不出话来。形容因惊诧、害怕、茫然而发愣的样子。

**近义词** 瞠目结舌、呆若木鸡 **反义词** 神色自若

**造句** 杂技演员的精彩表演让在座的观众目瞪口呆。

鲁智深大喝道：“谁敢逃，我就把谁扔进粪坑！”无赖们听了，都吓得不敢动弹。

无赖们凑了些钱，买了些酒肉来向鲁智深赔礼。一帮人正吃得高兴，忽然听见门外的杨树上传来乌鸦的叫声。无赖们都说这叫声不吉利，要把鸟巢给拆了。鲁智深直接走到树前，脱掉外衣，弯腰把住树干，一使劲儿，竟把整棵树连根拔了起来。无赖们见了，一齐跪倒在地。从此以后，他们对鲁智深**服服帖帖**，每天都买酒肉请鲁智深吃。

## 知识小卡片

### 花和尚鲁智深

鲁智深出家后，因背上刺有花绣，江湖人便送了他一个绰号——花和尚。鲁智深在寺院并不遵守佛门规定，常常喝酒吃肉，有一次还醉酒把山门打坏了，这就是著名的“醉打山门”故事。鲁智深也因此被打发到东京大相国寺。后来，鲁智深因搭救林冲被高俅（qiú）追杀，最终入伙梁山，做了梁山泊的步军头领。征讨方腊以后，鲁智深在杭州六合寺圆寂。

## 成语游戏

### 成语阶梯

下图中每一行有一个成语，把它们补全吧。

| | | | | | | |
|---|---|---|---|---|---|---|
| | | 满 | 目 | | | |
| | 横 | | 瞪 | | | |
| | | 一 | 口 | | 定 | |
| | | | 呆 | | 呆 | |

## “五官”成语

在下面的空格内填入有关“五官”的字，组成成语。

眉　眼　耳　鼻　口

（　）孔朝天　　火烧（　）（　）　　血盆大（　）　　隔墙有（　）

掩人（　）（　）　　过（　）烟云　　触（　）惊心　　（　）说无凭

碰一（　）（　）灰　　迅雷不及掩（　）　　（　）（　）一皱，计上心来

## 小猫分气球

小猫得了几个气球，它准备分给两个朋友，你觉得如何分最合适？试着帮小猫分一分吧！

目瞪口呆　　漫不经心　　瞠目结舌

呆若木鸡　　视而不见　　满不在乎

（　　　　　　）　　（　　　　　　）

# 有眼不识泰山

豹子头林冲是东京八十万禁军的教头，他武艺高强，为人忠厚，向来**安分守己**。

一天，林冲陪妻子去庙里上香，路上遇见鲁智深，两人**一见如故**，就热情地聊起天来。不一会儿，林冲家的侍女跑过来，说林冲的妻子被一个歹徒调戏了。林冲急忙赶到庙里，正要挥拳打那歹徒，发现他竟是上司高俅的义子高衙内。林冲怕得罪了高俅，就**忍气吞声**饶了他。高衙内回到家里，因为思念林冲的妻子得了病。高太尉知道后，陷害林冲**图谋不轨**，将他发配沧州。

到沧州以后，林冲被派去看管草料场。一日天降大雪，林冲冷得厉害，就去打酒喝。当他回来时，发现草料场起火了。林冲赶去救火，意外听到高俅的心腹正在谈论暗害自己的计谋，林冲**勃然大怒**，冲上去把他们全杀了。

林冲杀了人后，一路向东逃去，途中遇到小旋风柴进。柴进收留他住了几日，然后推荐他去投奔梁山泊。

**出处** 林冲听了便拜道："有眼不识泰山，愿求大名。"那汉慌忙答礼。（《水浒传》第十一回）

**释义** 泰山：五岳之一的东岳，在山东泰安，为我国名山之一。长着眼睛却不认识泰山。比喻见识浅陋，认不出本领高或地位大的人就在自己眼前。

**近义词** 有眼无珠 **反义词** 火眼金睛

**造句** 他有眼不识泰山，竟把大名鼎鼎的科学家当成了一名普通技工。

林冲风餐露宿地走了十几天，来到一家酒店，向酒保打听去往梁山的路。这时，从店里走出一个汉子，他听说林冲要去梁山，就问是不是柴进推荐的。林冲疑惑地说："阁下怎么知道的？"那汉子说："柴大官人和山寨的大头领交情深厚，常有书信往来。"林冲听了马上拜道："小人**有眼不识泰山**，愿求尊姓大名。"那汉子随即做了自我介绍，原来他叫朱贵，江湖称"旱地忽律"，是梁山泊的四首领。朱贵带领林冲上了梁山，见了头领王伦、杜迁和宋万，从此，林冲在梁山泊安顿了下来。

## 知识小卡片

### 禁军教头与衙内

禁军是北宋时期对正规军的称呼，是皇家专用的军队，主要职责是保卫京师安全。教头即教授武艺的人，相当于今天的教练。禁军教头其实就是在军队中教授武艺的人，是一种职业，并不是官职。衙内在唐代指的是担任警卫的官员，宋代则用来称呼官僚子弟，《水浒传》中的高衙内其实就是“高公子”的意思。

## 成语游戏

### 成语里的“泰山”

下面的成语都包含“泰山”二字，你能把这些成语填写完整吗？

泰山（　）顶　　一叶（　）（　），不见泰山　　（　）于泰山

泰山北（　）　　（　）如泰山　　泰山（　）毛　　泰山不让（　）（　）

## 填成语猜地名

下面每组成语空缺的字可以组成我国的一个城市名，快来填一填吧。

| | |
|---|---|
| （　）此不疲 | 有眼不识泰（　） |
| （　）枯石烂 | 有（　）皆碑 |
| 难能可（　） | （　）关大道 |
| 久别（　）逢 | 普天同（　） |
| 四海（　）平 | 功（　）无量 |

## 六字成语

成语里的六字成语也不少，把下面的六字成语补齐吧。

手无（　）鸡之力　　百（　）不得其（　）　　天有不测（　）（　）

吃不了（　）着走　　上（　）不接下（　）　　（　）不知（　）不觉

伸手不见（　）（　）　　一不（　），二不（　）　　有（　）之无不（　）

# 声东击西

山东济州郓（yùn）城东溪村保正晁盖，平日里**仗义疏财**，喜爱结交**英雄豪杰**，人称托塔天王，江湖上都知道他的大名。

一日，赤发鬼刘唐来投奔晁盖，对他说："小弟听闻北京大名府留守梁中书买了价值十万贯的金银珠宝，近日就要派人送到东京给他丈人蔡太师祝寿。小弟认为这些都是**不义之财**，劫取了又何妨。不知哥哥意下如何?"晁盖立刻找来好友吴用商议此事。吴用认为此事可行，当下邀请阮氏三兄弟、公孙胜和白胜入伙，大家决定在黄泥冈劫走生辰纲。

这一天，杨志奉梁中书命令押送生辰纲去东京。当队伍经过黄泥冈时，晁盖等人用掺（chān）了蒙汗药的酒迷倒了杨志一行，劫取了生辰纲。

梁中书得知后**大发雷霆**（tíng），立即命人去捉拿贼犯。缉捕使臣何涛抓住了白胜，后者供出了晁盖等人。郓城县押司宋江与晁盖是好兄弟，听说消息后急忙去给晁盖报信。晁盖还没来得及逃走，知县就派都头朱仝和雷横过来捉拿他了。朱仝让雷横去打前门，自己守住

**出处** 原来朱仝（tóng）有心要放晁（cháo）盖，故意赚雷横去打前门。这雷横亦有心要救晁盖，以此争先要来打后门，却被朱仝说开了，只得去打他前门。故意这等大惊小怪，声东击西，要催逼晁盖走了。（《水浒传》第十八回）

**释义** 声：声张。做出姿态或口头宣称要攻打东边，实际上却攻打西边。军事上使敌人产生错觉的一种战术。

**近义词** 虚张声势、围魏救赵　**反义词** 无

**造句** 游击队员运用声东击西的策略战胜了敌人。

后门，雷横同意了。雷横领着士兵从前门攻进去，结果没有找到一个人。这时，后门外喊起来，叫前面的士兵去追赶逃犯。原来，朱仝、雷横都是晁盖的好朋友，他们有心放过晁盖，于是两人故意**大惊小怪**，**声东击西**，想把晁盖惊走。在朱仝、雷横的帮助下，晁盖最终逃了出去。

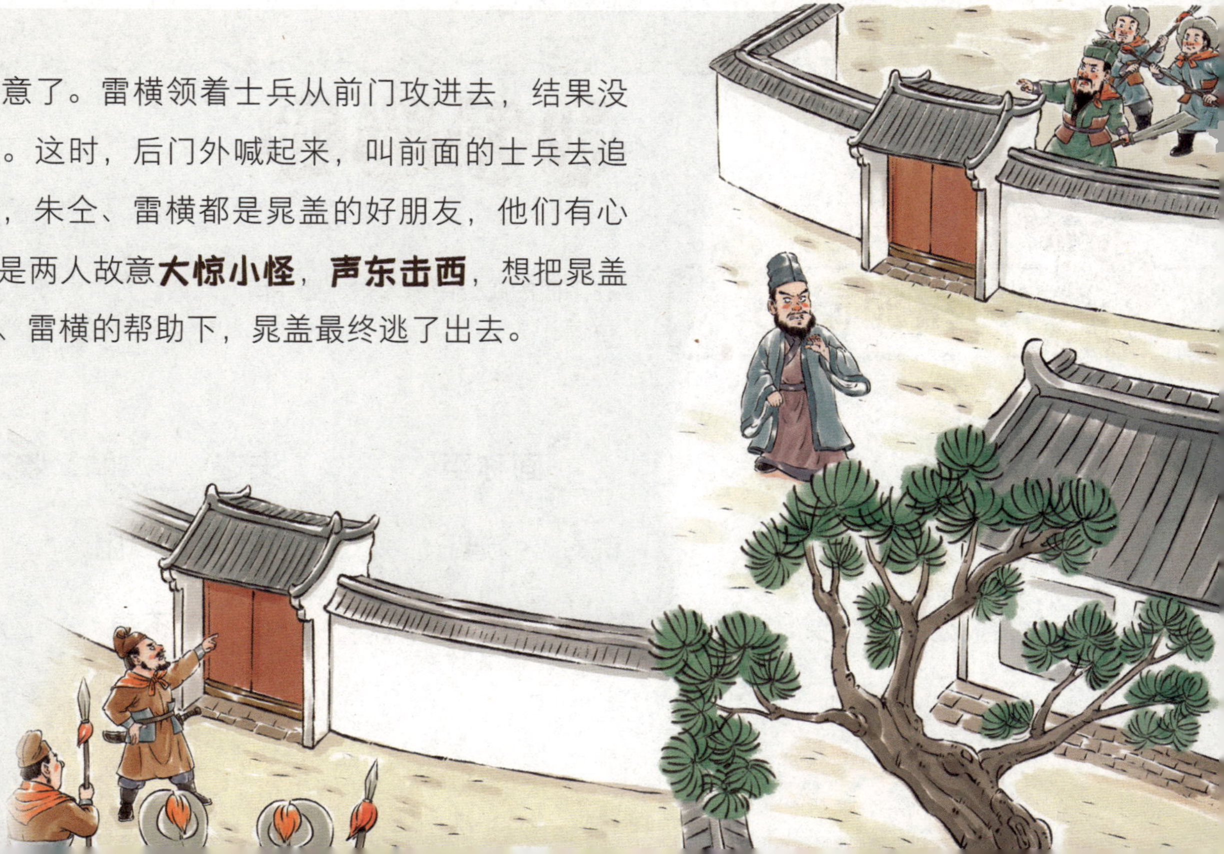

## 知识小卡片

### 生辰纲

唐宋时大批运输货物的组织称为“纲”，比如运盐的叫“盐纲”，运奇花异石的叫“花石纲”，编队运送的生日贺礼就是生辰纲。“智取生辰纲”是《水浒传》最精彩的情节之一，小说描述梁中书两年搜刮了十万贯钱给老丈人准备生日礼物，古代一贯钱相当于一两银子，十万贯就是十万两银子，梁中书的贪婪由此可知，也从侧面反映出北宋末年官场的黑暗腐败。

## 成语游戏

### 东西南北

在下面的成语中填入东、西、南、北四个方位词。

（ ）柯一梦　　（ ）面称臣　　失之（ ）隅，收之桑榆

大江（ ）（ ）　　说（ ）道（ ）　　日薄（ ）山

江（ ）父老　　喝（ ）（ ）风　　（ ）方不亮（ ）方亮

## 三十六计

我国古代有三十六计，你听说过哪些呢？其实它们都是成语，下面列举了一些，试着把它们补充完整吧。

浑水摸○　瞒○过○　指○骂○　借○杀人

打草惊○　声○击○　隔岸观○　釜底抽○

以○待劳　调○离○　○上开花　关门捉○

## 填反义词组成语

在下面的空格内填入一对反义词，组成成语。

轻○缓○　○○攸关　○材○用　○忧○患

○曲○工　顾○失○　似○而○　同○共○

返○还○　○○怪气　○○两难　空○绝○

# 笑里藏刀

晁盖脱身以后，和吴用等人一起上了梁山，王伦设宴招待了他们。席间，晁盖将劫取生辰纲的事说了一遍，并流露出入伙的意愿。王伦听了**默默不语**。

宴会结束后，王伦请晁盖等人去客房歇息。晁盖高兴地对吴用说：“看来王头领答应让我们留下了。”吴用冷笑道：“他怎么肯收留咱们呢？哥哥把事情告诉他以后，他脸色顿时就变了，而且对哥哥的话避而不答。真想收留咱们，当时就议

**出处** 林冲道：“这是笑里藏刀，言清行浊的人！我其实今日放他不过！”（《水浒传》第十九回）

**释义** 形容表面和善，内心阴险毒辣。

**近义词** 口蜜腹剑 **反义词** 推心置腹

**造句** 我们要小心提防那些笑里藏刀的坏人。

定座次了。杜迁、宋万都是粗人，看不出他的想法，那林冲却是知道得**一清二楚**，对他很是不满。待我明日略施小计，让他们火并！”

第二天，林冲来拜访晁盖等人。众人闲聊时，林冲对王伦表露出诸多不满，说此人心胸狭窄、**嫉贤妒能**，难以相处。吴用见状，不断用话语挑起林冲的怒火。

林冲离开以后，王伦派人过来请他们赴宴。席上，晁盖再次提出入伙的事，王伦含混地敷（fū）衍了过去。到了下午，王伦命人准备了些盘缠，说山寨里粮食短缺，住房不够，无法收留晁盖等人，让他们另投别处。林冲听了勃然大怒，吴用忙劝道：“林头领息怒，只怪我们不该来，坏了你们的情分，我们现在就走！”林冲说：“像这种**笑里藏刀**、**言行不一**之人，我今日绝对不会放过他！”王伦指责林冲**以下犯上**，林冲认为王伦没资格当头领。两个人争吵不休，再加上吴用在旁边**煽**（shān）**风点火**，林冲一怒之下，拔刀杀了王伦。之后，在林冲的提议下，大家拥戴晁盖做了梁山头领。

## 知识小卡片

### 智多星吴用

吴用本是一位教书先生，他足智多谋，是智慧的化身，人们都叫他“智多星”。吴用上梁山以后，担任军师的职位，在梁山好汉中坐第三把交椅。他曾献策打败朝廷的多次进攻，并为梁山收服诸多头领。《水浒传》结尾，宋江被害身亡，吴用自缢（yì）在宋江的墓前。

## 成语游戏

### 谁不同

下面都是“笑”字家族的成员，有一个跟其他三个不一样，你知道它是谁吗？

音容笑貌　贻笑大方　言笑晏晏　破涕为笑

不同的成语：

你的理由：

## 找座位

下面的成语都是和“笑”有关的，请你按要求将它们对号入座吧。

A. 嗤之以鼻　B. 忍俊不禁　C. 哑然失笑　D. 哄堂大笑　E. 皮笑肉不笑　F. 强颜欢笑

忍不住笑：______

讥笑：______

装笑：______

很多人一起笑：______

## 成语里的“笑”

“笑”是人们最常见的情绪之一，下面的成语都含有“笑”字，把它们补充完整吧。

| | | | |
|---|---|---|---|
| ☐笑九泉 | 千金☐笑 | ☐笑自若 | 一笑☐之 |
| 笑容可☐ | ☐笑皆非 | ☐尔一笑 | 一☐一笑 |
| 笑靥如☐ | 不☐言笑 | 捧☐大笑 | ☐开眼笑 |

# 面如土色

晁盖做了梁山头领以后，把劫来的生辰纲赏给了大小头目和底下的小喽（lóu）啰（luo）们，大家祭天地，拜神明，庆祝重新聚义。晁盖还让手下的人打造兵器，操练兵马，随时准

**出处** 旧太守备说梁山泊贼盗浩大，杀死官军一节。说罢，新官面如土色。（《水浒传》第二十回）

**释义** 目脸的颜色像泥土的颜色一样。形容极端惊恐或气急的样子。

**近义词** 面无人色 **反义词** 神色自若

**造句** 弟弟的胆子特别小，看到一只虫子都被吓得面如土色。

备抵御官兵的进攻。

这一天，济州府团练使黄安带领两千人马前来攻打梁山。晁盖找军师吴用商议对策，吴用让熟悉水性的阮氏三兄弟坐船去芦荡引诱敌人。黄安不知是计，派出士兵驾船捉拿，当士兵追赶到芦荡深处，被埋伏在那里的梁山好汉杀得**七零八落**。黄安得知中了圈套，急忙掉转船头，想要逃跑，结果迎面碰上刘唐，被生擒活捉，押入了后山牢房。

济州府太守听说黄安被活捉，手下士兵损失过半，正吓得不知所措，突然有人来报，说东门外接官亭来了一位新官，于是急忙出门迎接。那新官取出更替文书，交给太守。原来，济州府太守因为吃了败仗，没拿到贼人一根毫毛，被上司参了一本，革去了官职。旧太守把梁山泊贼寇声势浩大、杀死官军等事告诉了新官，那新官听后吓得面如土色，不知道该怎么办。

## 知识小卡片

### 阮氏三兄弟

阮氏三兄弟指的是阮小二、阮小五、阮小七，他们本是济州府石碣村的渔民，水上功夫了得，且爱打抱不平，在江湖上颇有名气。投奔梁山后，三人都做了梁山泊水军头领。在《水浒传》原著中，阮小二、阮小五征讨方腊时身亡，阮小七则活到七十岁，无疾而终。

## 成语游戏

### 比喻学堂

修辞手法在成语中很常见，来填写和学习这些含有比喻的成语吧。

| | | | |
|---|---|---|---|
| 铁证如＿＿ | 如＿＿贯耳 | 骨瘦如＿＿ | 流年似＿＿ |
| ＿＿如烟海 | 心乱如＿＿ | 多如＿＿＿＿ | 如＿＿随形 |
| 固若＿＿＿＿ | 如＿＿至宝 | 挥金如＿＿ | ＿＿毛大雪 |

## 神态成语

下面都是表示神态的成语，你知道哪些呢，快来测试一下吧。

面面相（　）　（　）头土脸　大惊失（　）　睡眼（　）（　）

谈虎（　）变　含情（　）（　）　眉来（　）去　热（　）盈眶

盛气（　）人　（　）牙（　）嘴　摇（　）晃（　）　（　）皮笑脸

## 十字方阵

在空格内填入适当的字，按箭头指示的方向组成四条成语，快来填一填吧。

| | | | | | | |
|---|---|---|---|---|---|---|
| | | | | | | |
| | | | 肌 | | | |
| | | ↑ | | → | | |
| | 可 | | 面 | | 改 | |
| | | ← | | | | |
| | | | 耳 | ↓ | | |
| | | | | | | |

# 无中生有

晁盖在梁山站稳脚跟以后，想起宋江的救护之恩，就派刘唐带着一封信和一百两黄金去酬谢。没想到，信和金子被宋江的小妾阎婆惜发现了，她借机要挟宋江。宋江一怒之下把阎婆惜杀死了，而后匆忙逃出郓城，投奔柴进去了。

小李广花荣是宋江的好友，他听说宋江杀了阎婆惜，就写信让宋江来清风寨暂住。宋江应邀前往，途中在清风山结识了燕顺、王英、郑天寿三位好汉，还救了被王英掳上山的清风寨正知寨刘高的妻子，谁知后来

**出处** 花荣陪着笑道："总管容复听禀：量花荣如何肯背反朝廷？实被刘高这厮无中生有，官报私仇，逼迫得花荣有家难奔，有国难投，权且躲避在此。望总管详察救解。"（《水浒传》第三十四回）

**释义** 在没有中生出有来。指凭空捏造，把没有的事说成是有的。

**近义词** 凭空捏造 **反义词** 千真万确

**造句** 我们说话要实事求是，不能无中生有。

刘高的妻子**恩将仇报**，污蔑宋江是强盗，唆（suō）使丈夫把宋江抓了起来。花荣得知消息后，救出了宋江。宋江连夜逃往清风山避难，结果在半路又被刘高擒获。

刘高派人到青州府状告花荣勾结土匪，青州知府即刻派黄信来到清风寨，设计捉住了花荣和宋江，把他们一起押往青州。燕顺等人在途中劫走了宋江和花荣。青州知府听说后，便派兵马总管秦明征剿（jiǎo）清风山。

秦明率军来到清风山下，花荣带着小喽啰下山迎敌。秦明大喝道："花荣，朝廷不曾亏待你，你为何要反叛？我特来捉拿你！"花荣说："我怎么敢反叛朝廷，都是刘高这小人**无中生有**，**公报私仇**，逼得我有家难奔，有国难投，只能在这里避难，希望总管明察。"秦明根本不信，舞动狼牙棒就去打花荣，二人斗了几十回合，不分胜负，花荣只好回山。后来，花荣设计活捉了秦明，迫使他归顺了山寨。众好汉为了躲避官军的追捕，便去梁山投奔了晁盖。

## 知识小卡片

### 及时雨宋江

宋江字公明，绰号呼保义、及时雨、孝义黑三郎，是《水浒传》的第一主人公。“大闹清风寨”以后，宋江和花荣等人投奔了梁山，宋江坐了第二把交椅。晁盖去世后，宋江继任梁山头领，主张并接受朝廷招安，又率军先后攻打辽国，平定田虎、王庆、方腊等，立下赫赫战功。班师以后，宋江被朝中的蔡京、高俅等奸臣设计毒死。

## 成语游戏

### 看图猜成语

仔细观察下面的图片，写出相应的成语。

成语：

成语：

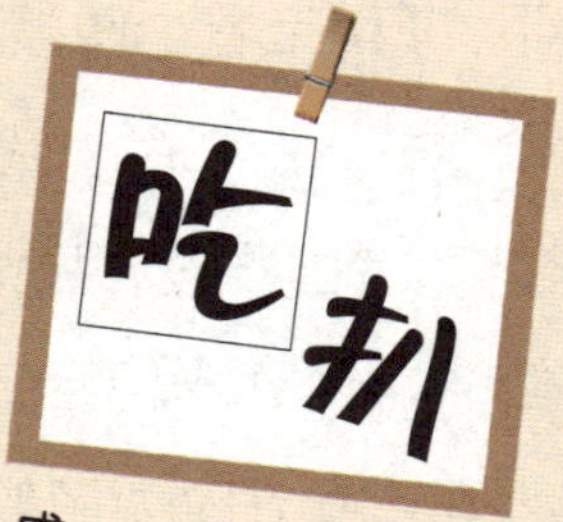


成语：

成语：

## 神奇的数字

数字真神奇，竟然可以用来表示成语。观察下面的数字，然后填写成语吧。

| | |
|---|---|
| 5 10 | 一□一□ |
| 1×1 | □□不变 |
| 0 + 0 = 1 | □中生□ |
| 1、2、5、6、7、8、9 | 丢□落□ |
| 9999 | □无□失 |
| 2 5 | 不□不□ |

## 汉字变身猜成语

你能根据每组汉字的变化猜出恰当的成语吗？快来试试吧！

亚→哑

记→认

波→破

忠→性

奏→春

砍→钦

# 七上八下

宋江杀死阎婆惜后，逃到了柴进家，在那里认识了武松。两人一见如故，相谈甚欢，结为**八拜之交**。

武松陪宋江住了半个多月，因为想家，就拜别了宋江和柴进。他一路往家乡赶去，路过阳谷县的时候，**赤手空拳**打死了一只猛虎，知县赏识他，就抬举他做了步兵都头。

一日，武松在街上闲逛，偶遇到哥哥武大。武大带着武松回到自己的住处，把妻子潘金莲引见给他，并留他住了下来。几天后，武松奉命去京城办事。他刚走，嫂嫂潘金莲就和本县恶霸西门庆设计害死了武大。

武松回来后听说哥哥的死讯，觉得十分可疑，就去调查哥哥的死因，查明真相以后，他便到县衙去告状。谁知县官受了西门庆的贿（huì）赂（lù），驳回了状纸。武松决定亲自报仇，他在家里摆下酒席，要当场审问潘金莲，于是请街坊邻居过来做证。开酒店的胡正卿原是吏员出身，见此事干系重大，怎么也不肯来，武松硬是把他拖了过来。众人坐定以后，武松叫士兵把前后门关了，然后说了几句客套话，请众人吃酒，弄得众人

**出处** 武松叫道："去不得。既来到此，便忙也坐一坐。"那胡正卿心头十五个吊桶打水，七上八下，暗暗地寻思道："既是好意请我们吃酒，如何却这般相待，不许人动身？"（《水浒传》第二十六回）

**释义** 意为无所适从。后形容心神不定。

**近义词** 忐忑不安 **反义词** 泰然自若、心平气和

**造句** 今天我做错了一件事，心里七上八下的，害怕受到妈妈的责备。

**面面相觑**（qù），不知所措。

酒过三巡，胡正卿便要起身离开，说："小人有事要忙。"武松大声说："你可不能走。既然来了，就算再忙也得坐一坐。"胡正卿十分忐忑，心头像十五个吊桶打水，**七上八下**，暗中想道："既然是好意请我们吃酒，为何又要这样对待，不许人走开呢？"胡正卿怕武松动怒，只好坐了下来。接着，武松逼潘金莲说出实情，让胡正卿记录口供，又叫邻居们在口供上签了字。随后，武松杀了潘金莲和西门庆，报了杀兄之仇。

## 知识小卡片

### 行者武松

武松是《水浒传》里的重要人物，“景阳冈打虎”是他最著名的事迹。武松在家中排行老二，所以也叫“武二郎”。他为哥哥报仇之后，被发配到孟州，在那里“醉打蒋门神”“大闹飞云浦”。“血溅鸳鸯楼”后，为躲避官府抓捕，武松改为头陀打扮，因此，江湖人叫他“行者武松”。后来，武松入伙梁山，随宋江征讨方腊时，失去了左臂，最后在杭州六和寺病逝。

## 成语游戏

### 跷跷板

下面的图画都可以用成语来表示，你能猜出这些成语吗？快去试试吧。

成语 ____________

成语 ____________

成语 ____________

## 上下左右

下面的成语包含上、下、左、右几个方位词，把它们填写完整吧。

**上下**

上＿＿下＿＿　　＿＿上＿＿下

上下＿＿＿＿　　＿＿＿＿上下

**左右**

左右＿＿＿＿　　左＿＿右＿＿

＿＿左右而言＿＿　　左＿＿右＿＿

## 七八成群

成语里的“七”“八”真不少，你知道哪些关于“七”“八”的成语呢？来检测一下吧。

七○八○　　七○八○　　七○八○　　七○八○

○七八○　　○七○八　　○七○八　　○七○八

# 孤掌难鸣

山东海边有个登州城，城外有座山，山上的野兽常常出来伤人，知府便命令猎户三天之内捉到野兽，不然就重打二十。

登州山下有一家猎户，兄弟两个，哥哥叫解珍，弟弟叫解宝，兄弟俩武艺都很高强。话说他们接到知府的通知后，就拿着弓箭去了山上。第三天，兄

**出处** 为见解（xiè）珍、解宝是个好汉，有心要救他，只是单丝不成线，孤掌岂能鸣，只报得他一个信。（《水浒传》第四十九回）

**释义** 一个巴掌拍不出声音。比喻一个人的力量有限，难以成事。

**近义词** 独木难支 **反义词** 众志成城

**造句** 你就算再有本事，如果没有别人的帮忙，也是孤掌难鸣。

弟俩用药箭射到了一只老虎，正要跑过去捉，那老虎却带着药箭跑了。跑到半山腰时，老虎药性发作，一头栽下山坡，掉在了毛太公家里。兄弟俩于是到毛太公家要虎，毛太公却把虎藏了起来，还诬（wū）陷兄弟俩抢劫，把他们绑起来交给了官府。

登州府的孔目名叫王正，正好是毛太公的女婿，他花钱上下打点了一番，把解珍、解宝打入了死牢。牢房里有个小牢子叫乐和，聪明伶俐，爱耍枪棒，歌也唱得好，人们都叫他铁叫子。他有心搭救解家兄弟，只是**势单力薄**，**孤掌难鸣**。于是，他就替解家兄弟给顾大嫂送了个信。

顾大嫂是解家兄弟的表姐，人称母大虫，非常有本事，打起架来二三十个人也敌不过她。顾大嫂听说了表弟的事，急忙把丈夫孙新叫来，夫妻俩一商量，决定去劫狱。最后，在孙新哥哥孙立的帮助下，顾大嫂救出了解珍、解宝。之后，一行人投奔了梁山。

## 知识小卡片

### 梁山泊三女将

《水浒传》里塑造了一百零八个英雄形象，其中有三个是女性，她们分别是扈（hù）三娘、孙二娘和顾大嫂。扈三娘绰号一丈青，孙二娘绰号母夜叉，顾大嫂绰号母大虫，三人都很讲义气，巾帼（guó）不让须眉，而扈三娘和顾大嫂更是武艺非凡，多次立下战功。在小说中，扈三娘和孙二娘在征讨方腊时不幸阵亡，顾大嫂则被封为东源县君，返回登州。

## 成语游戏

### 成语连线

用线条将俗语谜底和成语谜面连起来，快来试试吧。

| | |
|---|---|
| A. 一个巴掌拍不响 | a. 弄巧成拙 |
| B. 打开天窗说亮话 | b. 反目成仇 |
| C. 画虎不成反类犬 | c. 孤掌难鸣 |
| D. 翻脸不认人 | d. 欲盖弥彰 |
| E. 此地无银三百两 | e. 直言不讳 |

## 合二为一

巧手填一填，使等号左侧方框内的字合并后，能放入等号右侧的成语中。

风□浪尖 + 笨□先飞 = 孤掌难□

海底捞□ + 后□有期 = □炙人□

破□而入 + 一表人□ = 夜不□户

□凤呈祥 + 肥头大□ = 震耳欲□

## 团结家族与孤独家族

方框内的成语分别属于团结家族和孤独家族，你能将它们分辨出来吗？

和衷共济　群策群力　形影相吊　举目无亲
患难与共　形单影只　孤掌难鸣　精诚团结
风雨同舟　无依无靠　众志成城　单枪匹马

团结家族：

孤独家族：

# 粉装玉琢

苏州城里有个叫甄（zhēn）士隐的人，他生性恬淡，不求功名，每日赏花修竹、饮酒作诗，过得十分自在。他的妻子封氏性情贤淑，深明礼义。夫妻俩人年近半百，膝下无子，只有一个三岁的女儿，名叫英莲。

盛夏里的一天，甄士隐在书房里看了许久的书，感到十分疲倦，最后不知不觉地睡着了。等他醒来

**出处** 士隐见女儿越发生得粉装玉琢，乖觉可喜，便伸手接来，抱在怀内，斗他顽耍一回，又带至街前，看那过会的热闹。（《红楼梦》第一回）

**释义** 白粉装饰的，白玉雕琢的。形容打扮得很精致。

**近义词** 精雕细琢 **反义词** 粗制滥造

**造句** 这姑娘长得粉装玉琢，十分可爱，很招人喜欢。

时，看见乳母正抱着英莲走来。他见女儿越发长得**粉装玉琢**，乖巧可爱，就伸手接过来，逗她玩了会儿，然后抱着她去街上看热闹。回来的时候遇到一个和尚和一个道士，两个人**蓬头跣**（xiǎn）**足**，**疯疯癫**（diān）**癫**，让甄士隐把女儿给自己，甄士隐不理睬，转身进了家门。

**光阴似箭**，转眼来到元宵佳节。晚上，甄士隐让仆人抱英莲去看花灯，结果仆人不小心把英莲弄丢了，因为不敢回来见主人，就逃到外乡去了。甄士隐夫妇见女儿一夜未归，赶忙派人四处寻找，结果没有一点儿音讯。夫妻俩几乎哭死，相继患病。

没过多久，甄家隔壁的葫芦庙不慎失火了，大火殃及甄家，把甄家烧成了一堆瓦砾。甄士隐于是变卖田产，带着妻子去投奔岳父。他把银子交给岳父，托他代买些房产土地，没想到岳父竟然只给了他一些薄地破屋。甄士隐不善经营，不到两年就穷了下来。岳父逢人便说他**好吃懒做**，不会过日子。甄士隐贫病交加，最终**看破红尘**，出家去了。

## 知识小卡片

### 命运多舛（chuǎn）的英莲

《红楼梦》塑造了许多女孩子形象，英莲是最先登场的一个。她位于金陵十二钗副册之首，眉心有一点米粒大小的胭脂记。英莲一生命运多舛，四岁时被人贩子拐走，长大后被卖给金陵公子冯渊，没想到中途被薛蟠抢走，后来成为薛蟠的妾，改名香菱。薛蟠娶了妻子夏金桂后，香菱常常受到夏金桂的虐待。

## 成语游戏

### 色彩填成语

下面都是一些含有颜色的成语，请把它们填写完整。

（　）（　）分明　　（　）飞烟灭　　（　）妆玉砌　　（　）（　）皂白

万（　）千（　）　　洁（　）无暇　　（　）里透（　）　　（　）（　）火火

（　）气东来　　平步（　）云　　信口雌（　）　　（　）田生玉

## 成语猜猜看

根据文字提示，猜相应的成语。

① 琼浆玉液 ② 金玉良缘 ③ 粉装玉琢 ④ 玉石俱焚

1. 美好的婚姻。（ ）
2. 美酒或甘美的浆汁。（ ）
3. 好的和坏的一起毁掉。（ ）
4. 打扮得很精致。（ ）

把成语中空缺的字填写出来，看看可以组成哪两个谚语。

## 填成语组谚语

大言（ ）惭　大（ ）晚成　（ ）树银花　执法（ ）山

（ ）后送伞　（ ）尽灯枯　粉妆玉（ ）　（ ）可名状

坐享其（ ）　（ ）华秋实　高抬（ ）手

谚语：

# 顾盼神飞

这一年，林黛（dài）玉的母亲去世了，贾母不放心她，便派人接她去贾府居住。黛玉不忍心离开父亲，但外祖母一心要她去，父亲也说："我的岁数大了，你体弱多病，年纪又小，没了母亲，又没有兄弟姐妹照应，现在你外祖母接你过去，我也放心些。"黛玉听了，这才洒泪拜别父亲，随着贾府的几个仆妇登船而去。

**出处** 第二个削肩细腰，长挑身材，鸭蛋脸面，俊眼修眉，顾盼神飞，文彩精华，见之忘俗。（《红楼梦》第三回）

**释义** 形容左右环顾，目光炯炯，神采飞扬。

**近义词** 顾盼生辉 **反义词** 垂头丧气

**造句** 只见她精神抖擞，顾盼神飞，大步朝这里走来。

这天，黛玉下船登岸，岸上早有轿子车辆等候。她早就听母亲说过，外祖母家与别人家不同，今日又见到这几个三等仆妇如此装扮不凡，所以步步留心，时时在意，不肯多说一句话，多走一步路，唯恐遭人耻笑。她上了轿，不久就来到了贾府。

黛玉先去拜见了外祖母，贾母给她介绍了舅母王夫人、邢夫人，又命人叫来三个姑娘。第一个姑娘叫迎春，皮肤白皙，温柔可亲；第二个姑娘叫探春，体态袅娜，眉眼精致，**顾盼神飞**；第三个姑娘叫惜春，身材矮小，面容稚嫩。她们都是贾母的孙女。大家互相认识以后，就坐下来开始聊天。

## 知识小卡片

### 林黛玉

林黛玉是《红楼梦》的女主角，位居金陵十二钗正册之首。她是荣府千金贾敏和扬州巡盐御史林如海的独生女。黛玉从小体弱多病，父母对她爱如珍宝。在她六岁那年，母亲去世了，外祖母将她接到贾府生活。黛玉容貌清丽，文采出众，却多愁善感，敏感多疑。贾府建成大观园后，她住进了潇湘馆。

## 成语游戏

### 成语接龙

试一试，完成下面的接龙游戏。

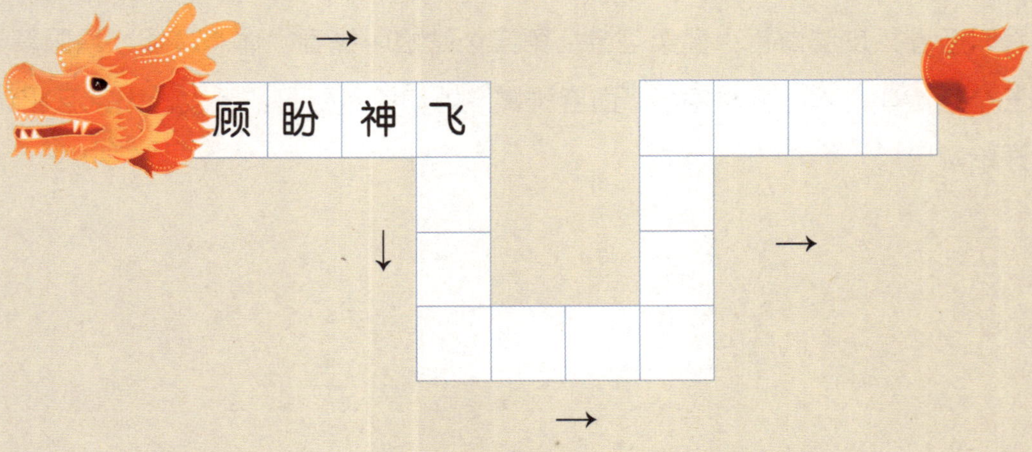

## 同字不同义

有的字在不同的成语里有着不同的意思，“顾”就属于这种情况，你能分辨出它的含义吗？

| | |
|---|---|
| A. 瞻前顾后 | a. 环视 |
| B. 顾盼神飞 | b. 照管 |
| C. 三顾茅庐 | c. 考虑 |
| D. 顾此失彼 | d. 瞧 |
| E. 无所顾忌 | e. 拜访 |

## 动词组成语

在空格内填入适当的动词，组成成语。

披头____发　　____帮结派　　____笔从戎　　____马观花

鸡____狗____　　呼朋____友　　____襟见肘　　推心____腹

拳打脚____　　披荆____棘　　花枝____ ____　　一____即合

# 无法无天

这一天，王夫人的丫鬟金钏（chuàn）儿因为宝玉的缘故投井自尽了，宝玉知道后难过得不行，王夫人又把他数落了一顿，他便坐在王夫人旁边垂泪。过了一会儿，宝钗过来见王夫人，宝玉便离开了。

一路上宝玉低着头走路，边走边感叹着，不一会儿来到客厅里，刚转过屏门，就和对面来的一个人撞了个满怀。那人喝道："站住！"宝玉吓了一跳，抬头去看，原来是父亲贾政。宝玉不由得倒吸一口冷气，垂着手乖乖地站在一边。

贾政说："好端端的，你**垂头丧气**的干什么？刚刚雨村来了要见你，你磨蹭了半天才出来。好不容易出来了，却没有一点儿慷（kāng）慨挥洒的谈吐。我看你脸上一团郁气，这会儿又**唉声叹气**。你有什么不知足的？"宝玉虽然一向**口齿伶俐**，但现在一心只为金钏儿感伤，所以听了父亲的这番话，竟像没有听见一样，只是愣愣地站在那儿。

贾政见他这样，一下子**火冒三丈**，正要训话，忽然仆人过来说有客来访，于是就去见客了。贾政见客时听说宝玉招惹了忠顺王府的琪官，就命人把宝玉叫来，对他说："该死的奴才！

**出处** 你在家不读书也罢了，怎么又做出这些无法无天的事来！（《红楼梦》第三十三回）

**释义** 法：法纪；天：天理。不顾国法、天理。形容毫无顾忌，胡作非为。

**近义词** 肆无忌惮、胆大妄为 **反义词** 奉公守法、安分守己

**造句** 你怎么可以做出这种无法无天的事情呢？

你在家不读书也就算了，怎么又做出这些**无法无天**的事来！”

后来，贾政又听贾环说宝玉羞辱丫鬟金钏儿，害得她投井自尽，顿时气得**面如金纸**，命人把宝玉带到书房，喝令说：“堵起嘴来，往死里打！”下人们不敢违抗命令，只好把宝玉按在凳子上，用板子打了十来下。可是贾政嫌打得太轻，自己夺过板子，咬着牙使劲儿打了三四十下。众门客见贾政打得太重，都上前劝他，可是贾政根本不听劝，众人只好派人去找王夫人和贾母。最后在王夫人和贾母的劝说下，贾政这才放过了宝玉。

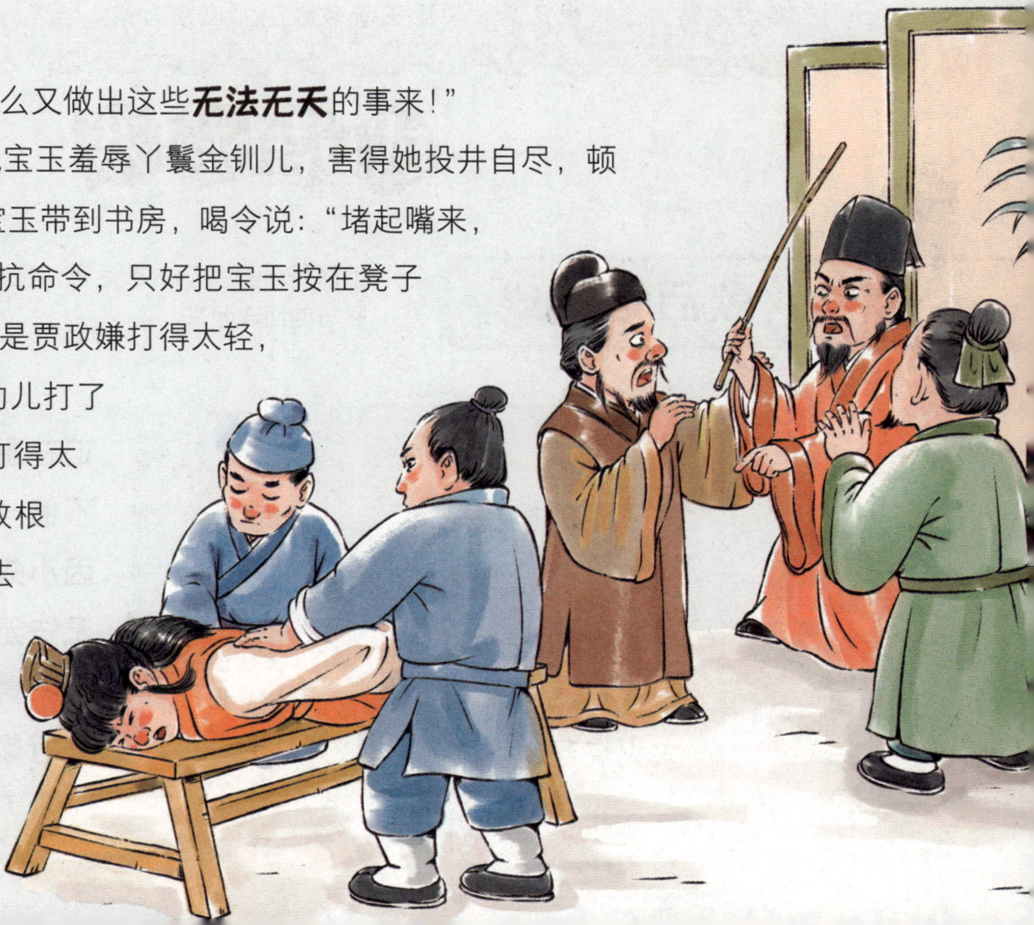

## 知识小卡片

### 贾宝玉

贾宝玉是《红楼梦》的男主角，荣国府贾政和王夫人的二儿子，林黛玉的表哥。因他出生时嘴里衔着一块玉，又是贾府玉字辈嫡（dí）孙，所以取名贾宝玉。贾宝玉自幼受贾母疼爱，和家里的姐妹们一起长大。他厌恶四书和八股文，不愿走科举的道路。家道中落后，贾宝玉看破红尘，出家为僧。

## 成语游戏

### 歇后语连线

下面是一些好玩的歇后语，把它们的谜底与谜面连起来。

| | |
|---|---|
| 和尚打伞 | 迫在眉睫 |
| 丢了西瓜捡了芝麻 | 不值一提 |
| 螃蟹过街 | 因小失大 |
| 鸡蛋碰石头 | 无法无天 |
| 起重机吊鸡毛 | 自不量力 |
| 大火烧到额头上 | 横行霸道 |

## 特殊成语

下面是些结构特殊的成语，根据示例填一填吧。

ABAC 式：无（法）无（天）　　若（　）若（　）　　美（　）美（　）

AABC 式：跃跃（欲）（试）　　格格（　）（　）　　振振（　）（　）

AABB 式：（断）（断）续续　　（　）（　）本本　　（　）（　）落落

BCAA 式：（其）（乐）融融　　（　）（　）惶惶　　（　）（　）鼎鼎

## 填成语猜地名

下列每组成语空缺的字可以组成我国的一个省市名，请把成语补充完整，看看都有哪些省市吧。

良辰□日　　深山老□

无法无□　　无人问□

改过自□　　万寿无□

长篇□论　　血肉相□

用□之地　　绿林好□

# 山珍海味

这一天，宝钗和湘云请姐妹们在大观园里赏桂花。大家吃着螃蟹、赏着桂花，饮酒作诗，好不快活。

众人正玩得高兴，只见平儿来了，原来是凤姐让她过来拿一些螃蟹回去吃。湘云急忙令人

**出处** 姑娘们天天山珍海味的，也吃腻（nì）了，这个吃个野菜儿，也算是我们的穷心。（《红楼梦》第三十九回）

**释义** 山珍：产自山里的珍异食品。指产自山里和海中的珍异食品。后泛指各种珍异味美的食品。

**近义词** 八珍玉食 **反义词** 粗茶淡饭

**造句** 宴会上尽是些山珍海味，令赴宴者大饱口福。

拿了十个大的装在盒子里，给凤姐送过去。大家又拉着平儿坐下，叫她喝了几杯酒，吃了几只螃蟹。

平儿回去以后，看到之前来过的刘姥姥带着外孙子又来了，地上还放着一只口袋，口袋里装着枣、倭（wō）瓜和一些野菜。刘姥姥见到平儿，急忙向她问好，对她说：“早就想过来给姑奶奶请安，来看姑娘的，只是家里忙，脱不开身。好不容易今年多收了些粮食，瓜果蔬菜也比较充足。这是最早摘下来的，没敢卖呢，留着顶好的孝敬姑奶奶和姑娘们尝尝。姑娘们每天吃的都是**山珍海味**，也吃腻了，现在吃点儿野菜，也算是我们的一点儿心意。”平儿急忙说：“费心了。”

刘姥姥见天色不早了，就想带着小外孙离开，谁知贾母知道刘姥姥来了，说要见见她，于是平儿就带着刘姥姥去了贾母的住处。两人聊了许久，贾母很喜欢和刘姥姥聊天，便留她在府上住了几日，这便是刘姥姥第二次进大观园。

## 知识小卡片

### 刘姥姥进荣国府

刘姥姥是一个来自农村的老婆婆，她寡居多年，原本是依靠两亩薄田过日子，后来搬到女儿家和女儿一起住。因女儿家生活拮（jié）据，无奈下带着外孙板儿来到荣国府，向远亲王夫人求助。王夫人让侄女王熙凤给了刘姥姥二十两银子，刘姥姥感恩戴德，这便有了她二进荣国府的故事。刘姥姥性情幽默，二进荣国府的时候给贾家带来了不少欢乐。

## 成语游戏

### 价值连城

下列成语均形容某样东西珍贵，请根据提示将它们补充完整吧。

1. 时间十分宝贵　　一刻（　）（　）
2. 可贵而有价值的劝告　　（　）玉（　）言
3. 珍贵而罕见的人或物　　（　）毛（　）角
4. 各种珍贵食品　　山（　）海（　）
5. 罕见的花草　　（　）花（　）草

## 成语对对子

在空格内填上和左侧成语意思相对的成语，要对仗工整。

| | | | |
|---|---|---|---|
| 山珍海味 | | 沾沾自喜 | |
| 伶牙俐齿 | | 生机勃勃 | |
| 流芳百世 | | 昂首挺胸 | |
| 精雕细刻 | | 井然有序 | |

## 填成语猜美食

将每行成语补充完整，看看空缺的字组成哪些美食。

劳（ ）分飞　　捅马蜂（ ）

（ ）纳百川　　（ ）回斗转

（ ）肉百姓　　插（ ）南飞

（ ）装素裹　　忠言逆（ ）

管（ ）之交　　（ ）死网破

# 临阵磨枪

有一年春天，在外地做官的贾政忽然来信，说再过几个月就可以回家了，大家听说后**喜不自禁**。

袭人知道老爷快要回来了，就劝宝玉收收心，闲时把书理一理，以防老爷提问。宝玉屈指算了算，说："还早呢。"袭人说："书倒不是主要的，主要的是字。老爷回来以后，你拿什么给他看呢？"宝玉笑着说："我平时写了不少呢，难道都没有收着？"袭人回答："都收着呢。你昨天出去后，

**出处** 王夫人道："临阵磨枪，也不中用！有这会子着急，天天写写念念，有多少完不了的？"（《红楼梦》第七十一回）

**释义** 临：接近；枪：指长矛一类的武器。临到上阵打仗时才去磨枪。比喻不早做准备，事到临头才仓促想办法。

**近义词** 临渴掘井　**反义词** 未雨绸缪（móu）、有备无患

**造句** 我们平时就要努力学习，不要等到快要考试了才临阵磨枪。

我拿出来数了数，总共才五百六十几篇。这两三年的时间，难道就写了这么多不成？依我说，从明天起还是把别的心思先收起来，赶紧写些字补上去，这样在面上也看得过去。"宝玉一听，急忙亲自数了数，着实应付不过去，就说："从明天起，我要一天写一百字。"

第二天早上起来，宝玉梳洗完毕，就开始写起字来。贾母没看见他，还当他生病了，急忙派人来问。宝玉这才去给贾母请安，说自己是因为练字的缘故来晚了。贾母听后很高兴，告诉他以后只管写字读书，不用过来请安了，还让他去告诉王夫人。宝玉于是来到王夫人房中说明情况。

王夫人说："**临阵磨枪**也不管用！现在知道着急了，要是以前天天写写念念，有多少完不成的？现在这么一赶，又要赶出病来了。"宝玉回道："不妨事。"宝钗、探春等人都笑着说："太太不用着急，我们可以帮他一起写。"王夫人听了，点头笑了。

## 知识小卡片

### 袭人

袭人原名花珍珠，是《红楼梦》中的重要人物，排在金陵十二钗又副册第二位。她从小被卖入贾府做丫头，最初服侍贾母，后来服侍贾母的侄孙女史湘云。因贾母溺爱宝玉，担心宝玉的丫头不尽心，又把她赐给了宝玉。宝玉知她本姓花，便根据陆游诗句“花气袭人知昼暖”，给她改名“袭人”。

## 成语游戏

### 双龙戏珠

根据图示，完成成语接龙。

临

○磨○林○雨过○○空万○○夹攻

○受○在○○○西下○不○察秋○

## 兵器世界

刀、枪、箭、矛……古代的兵器有很多，你能把它们填入相应的成语吗？

| | | | |
|---|---|---|---|
| ___光___影 | 唇___舌___ | 大___阔___ | 当头___喝 |
| 自相______ | 图穷___见 | 大动干___ | 舞___弄___ |
| ___拔___张 | 夹___带___ | 无的放___ | 惊___之鸟 |

## 成语挑错

下列成语中分别有一个错别字，请你用火眼金睛把它们挑出来，将正确答案写在每个成语的后面。

| | | |
|---|---|---|
| 不共带天 ☐ | 临阵摩枪 ☐ | 按步就班 ☐ |
| 世外桃园 ☐ | 责无旁代 ☐ | 天翻地复 ☐ |
| 滥竿充数 ☐ | 轻歌慢舞 ☐ | 弱不经风 ☐ |

# 狗仗人势

一日，贾母的丫头傻大姐在院子里捡到一只香囊，被邢夫人发现了，邢夫人把香囊交给了王夫人。王夫人见了很生气，以为是哪个轻薄的丫头或者婆子丢的，就叫凤姐在府里搜查一遍。

这一天，凤姐领着一班人来到探春的住处，探春早就听到了消息，命丫头打开院门等候。

凤姐来了以后，说丢了一样东西，来查查。探春冷笑着说："我的丫头要是贼，我就是头一个窝主（旧法指窝藏强盗、赃物等的人或人家）。来搜我的箱柜吧，她们偷来的东西都交给我藏着呢！"说完，让丫头们把她的箱柜都打开，请凤姐去检查。

凤姐赔笑说不用搜了，就要带众人离开。偏偏那王善保家的是个**不识好歹**的人，她心想探春只是姨娘生的，有什么厉害的，众人只是没胆量罢了，再说自己是邢夫人的陪房，连王夫人都对自己**另眼相看**，何况是别人，于是走上前去，掀起探春的衣裳，嘻嘻地笑着说："连姑娘身上我都翻了，果然没什么。"

凤姐见状，忙说："妈妈走吧，别疯疯癫癫的……"话音未落，只听啪的一声，王善保家的脸上已经挨了探春一巴掌。探春**怒气冲冲**地指着王善保家的骂道："你是什么东西，敢

**出处** 我不过看着太太的面上，你又有几岁年纪，叫你一声“妈妈”，你就狗仗人势，天天作耗，在我们跟前逞脸。（《红楼梦》第七十四回）

**释义** 仗：倚仗，仗恃。比喻仗着某种势力欺压人。

**近义词** 仗势欺人 **反义词** 无

**造句** 他那狗仗人势的样子实在令人感到厌恶。

来扯我的衣裳！我不过是看在太太的面上，又见你上了年纪，才叫你一声‘妈妈’的，你却**狗仗人势**，在我跟前逞强。现在越发了不得了，竟然对我**动手动脚**！你以为我跟你们姑娘一样好性子，由着你们去欺负？你想错了！你搜东西我不生气，你不该拿我取笑！”说着，就解起纽扣，拉着凤姐细细地翻。

凤姐呵斥王善保家的快出去，那王善保家的讨了个没脸，赶紧躲到了窗外。凤姐等人劝了一番，直到探春睡下，一行人才离开。

## 知识小卡片

### 探春

探春是金陵十二钗之一，贾政和妾室赵姨娘所生的女儿，贾宝玉的妹妹，贾府的人都叫她三姑娘。探春精明能干，秉公决断，有“玫瑰花”的诨名，连凤姐都让她几分。此外，她也文采斐然，趣味高雅，是大观园第一个诗社——海棠诗社的发起者。后来，探春远嫁海疆。

## 成语游戏

### 成语接龙

将下面的成语补充完整。

狗仗○势不○立○之地○山○○一变○加厉

## 拟人小课堂

下列成语都含有拟人修辞，快来完成填空吧。

鸟（　）花香　黔驴（　）穷　狐（　）虎威　龙争虎（　）

（　）哭老鼠　风号浪（　）　山（　）海啸　鸡鸣狗（　）

## 辨善恶

下面都是些与动物有关的成语，将它们填写完整，并进行归类。

笑面（　）　（　）公鸡　千里（　）　孺子可（　）

（　）仗人势　老（　）伏枥　虎头（　）尾　（　）腾虎跃

（　）到成功　（　）（　）为奸　（　）程万里　（　）（　）之志

| | |
|---|---|
| 褒义词： | |
| 贬义词： | |

# 偷梁换柱

有一天，宝玉的通灵宝玉丢失了。自从丢玉以后，宝玉就一直痴痴傻傻的，让他做什么，他就做什么。贾家找了许多大夫给他医治，却没有一个能**对症下药**。后来，贾母叫人寻了个道士来看，那道士说要找个金玉姻缘冲冲喜，方可化解灾祸。于是，贾母等人开始张罗宝玉和宝钗的婚事。可是宝玉喜欢的是黛玉，凤姐便想出一个“掉包儿”的法子，告诉宝玉他要娶的是黛玉，实际上却叫他娶宝钗。

宝玉和宝钗的婚事也是瞒着黛玉偷偷进行的，没想到，黛玉却从傻大姐那里知道了这件事，此后便**一病不起**。贾母和王夫人来潇湘馆看了黛玉几次，就去忙着准备宝玉结婚的事了，其他人也不来潇湘馆过问了。黛玉的病一天比一天严重。

**出处** 偏偏凤姐想出一条偷梁换柱之计。（《红楼梦》第九十七回）

**释义** 比喻暗中玩弄手法、进行掉包。

**近义词** 偷天换日、移花接木 **反义词** 光明磊落

**造句** 这家商店偷梁换柱，把劣质产品卖给了顾客。

这一天，李纨（wán）正在给贾兰改诗，突然跑进来一个小丫头说："大奶奶，只怕林姑娘不好了，那边都在哭呢。"

李纨听了吓了一跳，来不及细问，就匆匆赶往潇湘馆。她一边走一边落泪，心想："我们姐妹一场，她的容貌才情都是世上少有的，可惜小小年纪就要离去。偏偏凤姐又想出一条**偷梁换柱**之计，我自己也不好来潇湘馆，真是可怜可叹。"这样想着，很快就到了潇湘馆门口。只听里边静悄悄的，李纨心里一惊："想必妹妹已经去世了，都哭过了，不知那寿衣准备好了没有？"她**三步并作两步**走进屋子里，这时黛玉已经**奄奄一息**，不能说话了。没过多久，黛玉就去世了。

## 知识小卡片

### 李纨

李纨，金陵十二钗之一，荣国府长孙贾珠的妻子，王夫人的儿媳妇。李纨青春守寡，只有一个儿子，取名贾兰。她清雅端庄，处事厚道，贾府的下人们都称她“大菩萨”。大观园建成以后，她入住稻香村，并带领诗社走向繁荣。后来，李纨的儿子贾兰科举中第，她被封为诰（gào）命夫人。

## 成语游戏

### 成语找碴

选择正确的字组成成语，快来挑战吧。

大张（棋　旗）鼓　（哀　唉）声叹气　（班　搬）门弄斧　变（换　幻）莫测

（穿　川）流不息　金（碧　壁）辉煌　奋笔（急　疾）书　（励　厉）精图治

不可（明　名）状　不（径　胫）而走　（固　故）步自封　走（投　头）无路

## 去伪存真

下面的成语都是跟“真假”有关的，请你用火眼金睛分辨一下吧。（真实的打√，虚假的打 ×）

| | | | |
|---|---|---|---|
| 鱼目混珠 □ | 实实在在 □ | 偷天换日 □ | 子虚乌有 □ |
| 偷梁换柱 □ | 货真价实 □ | 真才实学 □ | 镜花水月 □ |
| 空中楼阁 □ | 不折不扣 □ | 明码实价 □ | 海市蜃楼 □ |

## 动词名词组成语

下列成语均由两个动词和两个名词构成，请把它们补齐吧。

| | | | |
|---|---|---|---|
| 藕（ ）丝（ ） | 亡（ ）补（ ） | 跋（ ）涉（ ） | 头（ ）血（ ） |
| （ ）滴（ ）穿 | （ ）山（ ）岭 | 风（ ）电（ ） | 刻（ ）求（ ） |

# 入不敷出

贾赦、贾珍因**恃强凌弱**等罪行被革去了世职（即世代承袭的官职），没收了家产，贾赦被发配边疆充军，贾珍被派往海疆效力。

贾政为了他俩**东奔西走**，上下打点，想让他们临走前能回家看看。这时的荣国府只剩下一个空壳子，仓库里的银子早已花光，还在外头欠了一大笔债。贾母知道实情后，就把自己的积蓄拿出来，分给了儿孙们。

这天，贾政带着宝玉等人去送贾赦、贾珍，回来时还没进家门，就听到好些人在门口嚷嚷着要喜钱，说皇上下旨把荣国公的世职赏给了贾政。贾政听了无比欢喜，但想到这是哥哥犯事以后才轮到自己的，心里不觉感慨万千。他赶紧进门，把消息告诉了贾母。贾母知道了高兴得不得了，正巧王夫人过来看贾母，听说世职复还了，也十分欣喜。

贾政感激皇恩，第二天就进宫去谢恩，回来以后，他**兢兢业业**，**恪尽职守**。但此时贾

**出处** 但是家计萧条，入不敷（fū）出，贾政又不能在外应酬。（《红楼梦》第一百零七回）

**释义** 敷：足够。收入不够支出。指开销大。

**近义词** 左支右绌 **反义词** 绰绰有余、腰缠万贯

**造句** 他们家本就不富裕，又花钱如流水，难怪会入不敷出。

府家计萧条，**入不敷出**，贾政已经不能在外面随意应酬。

## 知识小卡片

### 贾珍

贾府共分为两支，一支是宁国府，一支是荣国府。贾珍是荣国府一脉的。贾珍的父亲是贾敬，和贾赦、贾政是堂兄弟。贾珍的妹妹是惜春。贾珍有个儿子叫贾蓉。贾珍行为放纵，穷奢极侈，贪得无厌，作恶多端，是个不折不扣的败家子。

## 成语游戏

### 填反义词组成语

下面的成语均包含一对反义词，动手填一填吧。

| | | |
|---|---|---|
| （　）勇（　）谋 | （　）尽（　）来 | 举足（　）（　） |
| 名（　）实（　） | 争（　）恐（　） | （　）入（　）出 |
| 自（　）至（　） | （　）嘲（　）讽 | 假（　）济（　） |

## 成语回环

在下列正方形的方框中填入适当的文字，使其能够按箭头方向组成成语。

| | | | |
|---|---|---|---|
| 入 | 不 | | 出 |
| | → | | |
| | ↑ | ↓ | 不 |
| | | ← | |
| 长 | | 味 | |

## 成语里的“出”“入”

将下面含有“出”“入”的成语填写完整。

出□入化　　□入浅出　　出生入□　　入不□出

□出而作，□入而息　　□入为出

# 心神不定

贾府衰败不久，贾母就因病逝世了。凤姐负责操办贾母的葬礼。

贾母的丫鬟鸳（yuān）鸯（yāng）来找凤姐，希望能把老太太的葬礼办得体面一些。可是，此时贾府日子过得很艰难，贾琏、邢夫人等人巴不得省点儿钱，不想葬礼办得太铺张。凤姐拿不到银子，也办不了什么事。仆人们见主人没有钱，都不听使唤，整个灵堂都乱哄哄的。王夫人和邢夫人见此，指责凤姐办事不用心，一些仆人也趁机作践凤姐，凤姐**气急攻心**，一口血吐出来，昏死了过去。

之后，凤姐的病一天比一天严重，常常做些噩梦。

有一天，刘姥姥带着外孙女青儿来看凤姐，见凤姐**骨瘦如柴**，神情恍惚，心里一阵悲伤，就说："我的奶奶，怎么几个月不见，就病成这个样子啦？别是撞到什么了吧？"凤姐见刘姥姥说得不错，就把仆人们支开，告诉她自己**心神不宁**，常常梦见鬼魂，求她去庙里替自己

**出处** 便把丰儿等支开，叫刘老老坐在床前，告诉他心神不宁，如见鬼的样子。（《红楼梦》第一百十三回）

**释义** 宁：安宁。心绪很不安宁。

**近义词** 六神无主 **反义词** 泰然自若

**造句** 他一整天都心神不定的，显然是发生了什么事。

做个祷告。凤姐还把女儿巧姐托付给了刘姥姥。刘姥姥辞别了凤姐，就匆匆赶出城去了。当天夜里，凤姐便因病势加重去世了。

## 知识小卡片

### 巧姐

巧姐，金陵十二钗之一，王熙凤和贾琏的独生女。她出生在农历七月初七，王熙凤觉得这个日子不好，就让刘姥姥给她取个名字，刘姥姥取名“巧姐”。王熙凤过世以后，巧姐差点儿被舅舅王仁卖掉，幸亏刘姥姥、平儿和王夫人出手，才救下了她。

## 成语游戏

### 心理活动

下面都是描写心理的成语，把它们补充完整吧。

| | | | |
|---|---|---|---|
| 犹豫不____ | 茅塞顿____ | 心有____悸 | 深思熟____ |
| 心如____割 | 追____莫及 | 做贼________ | ____魂未定 |
| 提____吊____ | 心潮________ | ____然若失 | ________不忘 |

## 数学名词

补充成语，看看都有哪些数学名词。

01 心神不（ ）（ ）直气壮

02 寥寥无（ ）（ ）足挂齿

03 无与伦（ ）（ ）行公事

04 平起平（ ）（ ）新立异

05 无独有（ ）（ ）一数二

## 改头不换面

左侧的成语变身成右侧的成语后，意思并不改变。把下面的成语补充完整吧。

01 心神不定 → 心神□□

02 悄然无声 → □□无声

03 进退两难 → 进退□□

04 才貌超群 → 才貌□□

05 心急火燎 → 心急□□

图书在版编目（CIP）数据

成语应该这样学. 1. 1，读名著学成语/刘德水主编. -- 北京：民主与建设出版社，2022. 4
ISBN 978-7-5139-3800-6

Ⅰ. ①成… Ⅱ. ①刘… Ⅲ. ①汉语－成语－故事－青少年读物 Ⅳ. ①H136. 31-49

中国版本图书馆CIP数据核字（2022）第052289号

**成语应该这样学①·读名著学成语**

CHENGYU YINGGAI ZHEYANG XUE DU MINGZHU XUE CHENGYU

| | |
|---|---|
| 主　编 | 刘德水 |
| 责任编辑 | 程　旭 |
| 封面设计 | 姬湲頫 |
| 出版发行 | 民主与建设出版社有限责任公司 |
| 电　话 | （010）59417747　59419778 |
| 地　址 | 北京市海淀区西三环中路 10 号望海楼 E 座 7 层 |
| 邮　编 | 100142 |
| 印　刷 | 朗翔印刷（天津）有限公司 |
| 版　次 | 2022 年 4 月第 1 版 |
| 印　次 | 2022 年 5 月第 1 次印刷 |
| 开　本 | 880 毫米 ×1230 毫米　1/24 |
| 印　张 | 8. 75 |
| 字　数 | 100 千字 |
| 书　号 | ISBN 978-7-5139-3800-6 |
| 定　价 | 78. 00元（全2册） |